LEATHER CARVING TECHNIQUES
レザーカービングの技法
シェリダンスタイル 編

STUDIO TAC CREATIVE

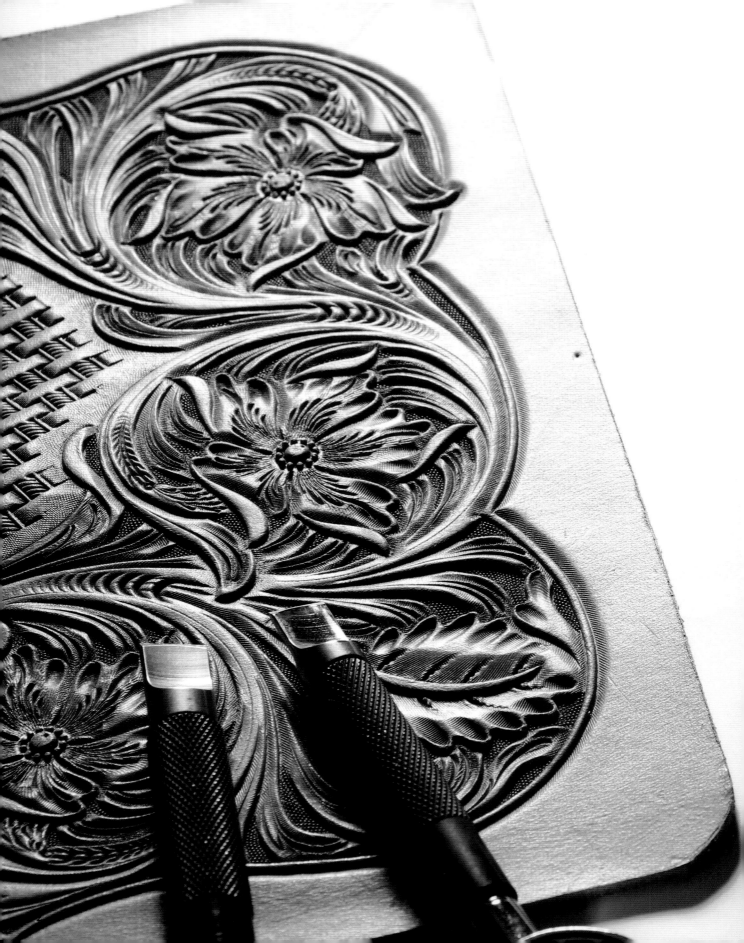

CONTENTS

- 8 　作品制作に使用する工具／資材
- 11 　作品制作に使用する刻印
- 21 　シェリダンスタイルカービングの基礎
- 70 　特別寄稿 「シェリダンスタイルカービング」
  大塚孝幸 Taka Fine Leather JAPAN
- 83 　**Professional Work I** 　小屋敷スタイル
- 121 　**Professional Work II** 　大塚スタイル
- 169 　**Professional Work III** 　岡田スタイル
- 219 　日本のカービング界を支える実力派カーヴァー

収録作品

「基礎作品」 P.21 –

「小屋敷スタイル」 P.83−

「大塚スタイル」 P.121 —

収録作品

「岡田スタイル」 P.169 —

7

作品制作に使用する工具／資材

シェリダンスタイルカービング（その他のカービングとも一部共通）に使用する基本的な工具と資材を、その用途ごとに分けて簡潔に解説する。各製品はクラフト社や協進エル等、日本の大手レザークラフトメーカーが取り扱っている。

トレース／カット

制作する作品の図案を革のギン面へトレースし（写し）、そのトレースしたラインをカットする際に使用する工具と資材。

鉛筆／シャープペンシル
図案をトレスフィルムへ写す際に使用。細かい線のトレースには、シャープペンシルが適している

トレスフィルム
図案を革のギン面へ写す際に使用する、半透明のフィルム。湿らせた革の上へ重ねても破れない

スポンジ
図案のトレース時や刻印時、革の表面を傷付けることなく、革へ水を含ませるスポンジ

鉄筆
トレスフィルムに写した図案を、革のギン面へ写す際に使用。細かいラインには先細が適している

スーベルナイフ（カッター）ボディ
革にトレースしたラインのカットや、デコレーションカットに使用。各種の替刃をセットして使用する

替刃・シングルブレード
スーベルナイフボディにセットする、トレースラインをカットするための専用替刃（右は加工した刃）

替刃・ダブルブレード
2本の並行したラインをカットするための替刃。図案のボーダー（外枠）をカットする際に使用する

台付ルージュスティック
スーベルナイフの切れを良好にするための研磨剤と、研磨剤を擦り付ける専用の台

刻印

革のギン面へ凹凸による陰影やテクスチャーを付ける、刻印（カービング／スタンピング）に使用する工具と資材。

のびどめシート
打刻による革の伸びを防ぐため、刻印を打つ前に乾いた状態の革の床面に貼り合わせる

打ち台
刻印を打つ際に下に敷き、刻印の入りを良くする大理石板。下にフェルトを敷いて使用する

打ち具（モウル）
刻印を打つ際に使用。アメリカ発祥のシェリダンスタイルカービングでは、モウルの使用が一般的

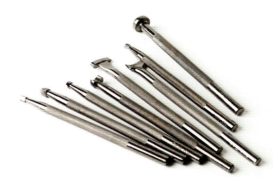

刻 印
打刻面を革のギン面にあて、打ち込むことで凹凸による陰影やテクスチャーを付ける工具。表現や用途に合わせ、様々な種類がある。詳細はp.11〜参照

染色

刻印やデコレーションカットによる表現をさらに引き立たせる、染色や彩色に用いる染料、オイル、溶剤、資材等。

アルコール染料
革を染めるためのアルコール系染料で、様々な色を選べる。顔料を含む発色の良い「レザーダイ」や、ムラのない落ち着いた色合いに染め上がる「オイルダイ」等、目的や用途に合わせて使い分ける

ペースト染料
擦り込んだ後に拭き取ることで、刻印やカットによる凹部（陰影部）を染色するペースト状の染料

水性仕上剤
ペースト染料を塗る前に革の表面へ塗り、革の凸部への染料の浸透を防ぐ防染剤の役割を果たす

ニートフットオイル
革に柔軟性と防水性を与える保革剤。左の水性仕上剤を塗る前に、作品の表面全面に塗る

作品制作に使用する工具／資材

タンコート
ペースト染料の拭き取り時に余分な染料を浮かせ、同染料の発色を高めて色止め効果を付与する

ラッカー仕上剤
色止め、防水、ツヤ出し用のラッカー仕上剤。ペースト染料の防染や、最終的な表面仕上げに使用

刷毛／面相筆
液体染料（アルコール染料）を塗る際に使用。面積が狭いバックグラウンドには、面相筆が不可欠

歯ブラシ
ペースト染料をすり込む際に使用する。汚れていなければ、使い古した物を用いてもよい

オイルスポンジクロス
ニートフットオイルや水性仕上剤を塗る際に使用。天然羊毛の「ウールピース」も同じ用途に用いる

ペーパータオル
ペースト染料を拭き取る際に使用。水を含ませて使用する場合は、破れにくい丈夫な物を選ぶ

革

植物タンニン（渋）でなめされた、「タンニンなめし革」を素材に使用する。刻印が貫通する恐れがあるため、少なくとも2mm厚以上の確保を推奨する。

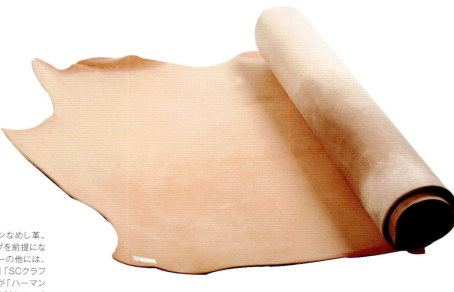

ツーリングレザー
アメリカの老舗タンナー、ハーマンオーク社製のタンニンなめし革。「ツーリング」のツールは"工具＝刻印"の意で、カービングを前提になめされた、カービングに最適な革である。ツーリングレザーの他には、クラフト社が「ニッピカービング用成牛」「ニッピヌメ特厚」「SCクラフト用」「SCカービング用」等をラインナップし、協進エルが「ハーマンオークレザー」「スタットヌメ」「成牛タンロー」「成牛ニッピタンロー」「EU.ヌメ」等をラインナップする

作品制作に使用する刻印

シェリダンスタイルカービングの様式に則った、シェリダンスタイルに欠かせない各種刻印を、その主な用途ごとに種類を分けて解説する。ここに掲載する各刻印は全て、「クラフト社」と「協進エル」の2社がそれぞれ取り扱っている。

ベベラ

「傾斜」の意を表す「Bevel(ベヴェル)」が語源で、文字通り「傾斜を付ける」ための刻印。図案のカットライン際に打つことで、図案を立体的に浮き立たせる、刻印の中でも最も重要な刻印の一つ。

矢印で表した箇所を「トウ」や「ベベリング・エッジ」と呼び、その先端をカットライン際に合わせ、打ち込むことで深く斜めに沈む傾斜を付ける。傾斜にはいくつかの角度があり、30度前後の傾斜角のベベラが一般的だが、間隔が狭いライン際を沈めるための、40度前後の急傾斜のベベラもある。また、曲線のカットライン際を沈めやすいよう、トウが丸い「ラウンドベベラ」もある

SKB936-2

クラフト社 SK刻印（急傾斜）

SKB701-2

クラフト社 SK刻印（急傾斜）

SKB702-2

クラフト社 SK刻印（急傾斜）

SKB936 / SKB701 / SKB702

クラフト社 SK刻印

61210-01

協進エル EMS刻印

61210-02

協進エル EMS刻印

作品制作に使用する刻印

リフター

「持ち上げる・起こす」の意を表す「Lift(リフト)」が語源で、図案の一部を強調して「浮き立たせる」ための刻印。シェリダンスタイルでは、陰影を強調したい箇所へベベラを打つ前に打つことが多い。

矢印で表した箇所がベベラと同様、カットライン際に合わせる「トウ」。リフターは「アンダーショットベベラ」とも呼ばれるが、打刻面で傾斜を付けるベベラとは扱い方が異なるので(本頁の下段参照)、初めて扱う方は注意

SKB050

クラフト社
SK刻印

SKB60

クラフト社
SK刻印

SKB061

クラフト社
SK刻印

SKB892

クラフト社
SK刻印

61220-00

協進エル
EMS刻印

61220-01

 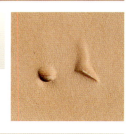

協進エル
EMS刻印

BK20-04

協進エル
バリーキング刻印

スーベルナイフでカットした陰影を強調したいライン際へ、その側面の幅やアール(R=曲率)に近い刻印のトウを左写真の様に合わせる。そして若干斜め気味に打ち込むことで、カットライン際を沈めると共に、カットラインの内側の表面を浮き立たせる

シェーダー

「陰(影)」の意を表す「Shade(シェード)」が語源で、図案の一部に立体感を表す「陰影を付ける」ための刻印。シェリダンスタイルでは、ヨコ線(ボーダー・リブド)が刻まれたシェーダーを多用する。

矢印で表した幅広の曲面を「トウ」、反対側の鋭利な曲面を「ヒール」と呼ぶ。このトウとヒールは、陰影を付ける箇所の面積や形状、陰影の表現方法によって使い分ける。写真のヨコ線の他、図案によってはタテ線(バーティカル・ラインド)のシェーダーも用いる。このシェーダーは、その形状や打刻痕から「ペア(洋なし)シェーダー」や「サムプリント(指紋)」と呼ばれる

SKP368

クラフト社
SK刻印

SKP369

クラフト社
SK刻印

SKP861

クラフト社
SK刻印

SKP862

クラフト社
SK刻印

TH-1

クラフト社
SS刻印
(バリーキング)

TH-2

クラフト社
SS刻印
(バリーキング)

61291-01

協進エル
EMS刻印

61291-02

協進エル
EMS刻印

61292-01

協進エル
EMS刻印

作品制作に使用する刻印

リーフライナー

「葉」を表す「Leaf」と、「線」を表す「Line」がその名の元となった刻印。シェリダンスタイルの主要なモチーフであるリーフに、葉脈の様な陰影を付ける用途に特化したシェーダーの一つ。

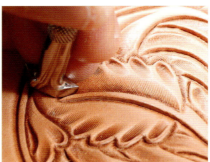

前頁のシェーダーとは異なり、リーフライナーの両側面には傾斜が付けられている。そして、シェリダンスタイルのリーフ中央に設定された太い葉脈の側面へこの傾斜を沿わせることで、リーフの表面に一定の方向を向いて派生する細かい葉脈を表すことができる

61251-01

協進エル
EMS刻印

61251-02

協進エル
EMS刻印

LF-1

クラフト社
SS刻印
（バリーキング）

カモフラージュ

「偽装」「迷彩」等の意味を持つ「Camouflage」という名の刻印。この刻印は、図案中の各モチーフの表面にテクスチャーでコントラストを付けたり、特別な効果を与えるような表現に用いる。

矢印で表した幅広い曲面（側面）を「ヒール」と呼び、反対側へ回り込んだ両側面の端を「コーナー」と呼ぶ。カモフラージュの打刻面には、放射状に広がる溝が刻まれている

SKC431

クラフト社
SK刻印

SKC940

クラフト社
SK刻印

BK55-02

協進エル
バリーキング刻印

フラワーセンター

文字通り、「花の中心」という名の刻印。シェリダンスタイルでは、モチーフであるフラワーの「花芯」を表す際に用いる。

61261-01

協進エル
EMS刻印

61261-02

協進エル
EMS刻印

61263-00

協進エル
EMS刻印

61263-01

協進エル
EMS刻印

SKJ565

クラフト社
SK刻印

SKJ564

クラフト社
SK刻印

SKJ504

クラフト社
SK刻印

シーダー

「種（たね）」の意を表す「Seed（シード）」がその語源となる刻印。ワンポイントの、小さな種粒の様なテクスチャーの表現に使用する。

SKS705

クラフト社
SK刻印

S705

クラフト社
通常刻印

作品制作に使用する刻印

ベンナー（ヴェイナー）

「葉脈」や「縞（しま）」等の意を表す「Vein（ヴェイン）」が語源の刻印。その名の通り、各モチーフの表面に葉脈の様なテクスチャーを表す際に使用する。他、「ストップ」という刻印の代用にも用いる。

矢印で表した打刻面の両端を「コーナー」と呼ぶ。写真の刻印の様に、打刻面にタテ線のみが刻まれたベンナーを「ラインド」、打刻面のタテ線に加え、側面が波打つように加工されたベンナーを「ライン&スカラップ」という

SKV463

クラフト社
SK刻印

SKV707

クラフト社
SK刻印

SKV708

クラフト社
SK刻印

VL-2

クラフト社
SS刻印
（バリーキング）

VS-1

クラフト社
SS刻印
（バリーキング）

61271-02

協進エル
EMS刻印

61272-02

協進エル
EMS刻印

刻印を傾け、コーナーのみを打つことで「ストップ」という刻印の代わりを務めさせることもある

ミュールフット

「Mule」とは家畜の「ラバ」の英語で、このラバの「Foot」＝「足（蹄）」跡に似た打刻痕を付けるこの刻印は、シェリダンスタイルの様式に則ったテクスチャー付けに用いる。

先端の内側をごっそり削り、残ったU字の側面がミュールフットの打刻面で、このU字の外側面にセレーション（＝溝）が刻まれている。U字の先端にあたる矢印で表した箇所が、付けるテクスチャーの基準となる「トウ」となる

SKU853

クラフト社
SK刻印

SKU857

クラフト社
SK刻印

U851

クラフト社
通常刻印

61281-02

協進エル
EMS刻印

BK81-02

協進エル
バリーキング刻印

ミュールフットによるテクスチャーは、シェリダンスタイルでは主に「ストップ」を打った葉脈や蔓草（つるくさ）の分岐点から、その茎や蔓草自体の上に並べる

左の用途の他、茎の上へ打った「シーダー」の打刻痕から波紋のように並べることもある

作品制作に使用する刻印

バックグラウンダー

「Background」とは「背景」を表し、この刻印はモチーフ以外のスペース＝背景を沈める役割を果たす。シェリダンスタイルでは主に、小さな粒が並ぶ「バーグラウンダー」を使用する。

フラワーや茎、蔓草等、図案の主要なモチーフ以外のスペースがバックグラウンド＝背景となり、この背景を沈める（潰す・埋める）刻印を「バックグラウンダー」と呼ぶ。シェリダンスタイルでは、「バーグラウンダー」という複数の粒を列で表す刻印を用い、写真の様に細かい粒を規則的に並べてバックグラウンドを表す

SKA101-7/5/3

クラフト社　SK刻印

61227-07 / 61225-03

協進エル
EMS刻印

バーグラウンダーは、刻印を打つ背景のスペースに合わせ、一列に並べられた粒の数が異なる複数種を使い分ける

SKA104-1

クラフト社
SK刻印

A98

クラフト社
通常刻印

「ボーダー」や「バスケット」の際を沈めるため、通常のバックグラウンダーを用いることもある

バスケット

「網目」の様なテクスチャーを表す刻印。シェリダンスタイル特有の刻印ではないが、図案の一部に採用することもある。

X502-2

クラフト社
通常刻印

BK83-99

協進エル
バリーキング刻印

バスケットの打ち方

バスケットを打つスペースへ薄く基準線をケガき、打刻面の2つの矢印の位置をそれぞれ基準線に揃えて打つ

01

01の打刻痕の隣へ、2つの矢印の位置を揃えて2打目を打つ。この時、右側の矢印の打刻痕を完全に重ねる

02

02の手順を繰り返して打刻痕を連ねた後、隣り合う2列目の刻印を**01**の打刻痕に一部を重ね、1列目と平行に並べて打つ

03

03の打刻痕と1列目の打刻痕に一部を重ね、2列目の2打目を打つ。刻印を正しく打てば、各打刻痕は整然と平行に並ぶ

04

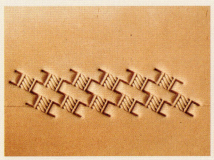

04の手順を繰り返し、1列目に並ぶ2列目を全て表す

05

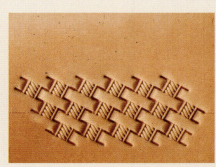

スペースに合わせ、同じ手順を繰り返して3列目以降を並べる

06

作品制作に使用する刻印

ボーダー

図案の外側、空白スペースとの境界を「ボーダー」と呼び、その隙間の空白スペースを埋める際に用いる一般的な刻印。

61276-01

協進エル
EMS刻印

61276-02

協進エル
EMS刻印

BK76-01

協進エル
バリーキング刻印

バスケットとの境界等に用いることが多く、シェリダンスタイルの図案のみで用いることは少ない

開きかけたフラワーの花芯を表現するといった、若干特殊な使い方をすることもできる

その他

シェリダンスタイル特有の刻印ではないが、本誌では右の2本の刻印を図案の一部に使用している（工程解説頁を参照）。

N363

クラフト社
通常刻印

F898

クラフト社
通常刻印

刻印について

　レザーカービング用の刻印は、日本においては主に、レザークラフト工具及び資材の総合メーカーである「クラフト社」と「協進エル」の二社が取り扱っており、両社が独自に製造するオリジナルの刻印と、アメリカから輸入されたバリーキング社の刻印が主な選択肢となる。前者はそれぞれ、普及品にあたる「通常刻印（クラフト社）」「一般刻印（協進エル）」と、シェリダンスタイルに特化・適合した「SK刻印（クラフト社）」「EMS刻印（協進エル）」に分けられ、シェリダンスタイルならではの密集・密接した図案を美しく表現するためには、SK刻印並びにEMS刻印の使用がマストとなる。

Basic Work
シェリダンスタイルカービングの基礎

シェリダンスタイルは、図案やモチーフにある一定の様式があり、作品を表現するために使用する刻印や、その刻印の使い方にも一定の様式がある。ここではそれらの様式を踏まえつつ、シェリダンスタイルカービングによる基礎的な作品制作工程を解説していく。

デザイン／制作＝小屋敷清一（クラフト学園）

課題作品

シェリダンスタイル特有のフロー（流れ）とモチーフがバランスよく配された、課題作品の完成像。ビギナーにもトレースやカットがしやすく、また基本的なシェリダンスタイル用刻印のみで表現できるよう、各モチーフが大きく表されている。

Basic Work

図案の構成要素

シェリダンスタイルには、半ば慣例的に用いられてきた図案に欠かせない構成要素＝モチーフがあり、それぞれにある一定の呼び名（通称）が定められている。ここでは、そのモチーフを個々に課題作品から抜粋し、簡潔に解説する。

❶ 花弁（Flower Petal）
シェリダンスタイルのメインモチーフである、「フラワー」の主要構成パーツ。種類により様々な形状パターンがあり、刻印で影や起伏をつけ、ヒラヒラした立体感を表す。

❷ 花芯（Flower Center）
文字通り、フラワーの中心。最深部である各花弁の付け根中央に配置し、シェリダンスタイルでは様々なパターンの「フラワーセンター（刻印）」を打って表現する。

❸ つぼみ（Bud）
フラワーが開く前の状態を表した、シェリダンスタイルに欠かせないモチーフの一つ。フラワーを囲むサークルの間等、サークル外のスペースに配置することが多い。

❹ 茎（Vine）/ 花の茎（Stem）
ツル植物の主軸であり、図案の中でフローを構成する主要素となる。蔓草やスクロール等が派生する茎（Vine）と、フラワーやつぼみに接続する花の茎（Stem）がある。

❺ リーフ（Leaf）
つぼみと同様、サークルの間等、サークル外のスペースに配置するモチーフ。フラワー同様に様々なパターンがあり、中心には茎や蔓草につながる葉脈を表す。

❻ アカンサスリーフ（Acanthus Leaf）
3パートに分かれた中央が幅広い形や、一部をターンバックした（＝折り返した）状態で表す等の特徴がある葉。図案のデザインで、空間を埋める要素として広く用いられる。

❼ スカラップ（Scallop）
「帆立貝」を表す英語の名詞がその語源で、厳密には単体のモチーフを表す言葉ではなく、花弁の縁やリーフ側面に表された「波形の縁」の形状を表している。

❽ スクロール（Scroll）/ スワール（Swirl）
「巻く行為」や「巻いた状態」を表す言葉だが、シェリダンスタイルでは、ゼンマイやワラビのようなシダ植物の、「渦巻き状を呈した新芽」のような葉のことを表す。

❾ 蔓草
茎と共にサークルを構成する要素の一つであり、茎やサークルから多方向に派生する。フラワーの下やボーダー（外枠）の外等に向け、図案の隅々に配置する。

トレース用図案

通常は線画で表した図案からカット用の図案をトレースするが、各モチーフが重なる順序が明確に分かり、また各ラインの端のどこから刃を入れ、どこから刃を抜いたのかが分かりやすいよう、カットした革の原寸スキャン画像を図案とする。

Basic Work

STEP.1
トレース

トレスフィルムに図案を写し、そのトレスフィルムを用いて革の表面に、カット用の図案を写す。

使用する工具／資材

・図案（原寸コピー）
・トレスフィルム
・シャープペンシル／鉛筆
・定規
・ウエイト
・スポンジ／ボウル
・鉄筆（両面鉄筆等、先細の物）
・革（2.3～3.0mm厚）

---

1. トレスフィルムに図案を写す

トレース用図案をコピーし、その上にトレスフィルムを重ねる（※写真では完成作品のスキャン画像を用いているが、左頁のスキャン図案でも手順は同様）

01

図案の「ボーダー（＝外枠）」のうち、「コーナー（角）」の曲線部を除く直線のみを、定規を使用して正確にトレースする

02

四側面のボーダーラインをトレースし終えたら、コーナーの曲線部をフリーハンドでトレースする

03

メインのモチーフであるフラワーをトレースし、次いでリーフ、茎、つぼみ等のサブモチーフをトレースする。花芯は、中心に点のみを印す

04

各種モチーフのトレースを終えたら、多方向に派生する蔓草を残さずにトレースする

05

POINT

図案に重ねたトレスフィルムがずれないようにウエイトを置き、トレースの途中や最後に、写し漏れがないかフィルムをめくって確認する

STEP.1 トレース

CHECK

トレスフィルムにトレースを終えた、カット用図案。写し漏れがないか今一度確認し、問題がなければ次の工程に移る

2. 革の表面にカット用図案を写す

スポンジにしっかりと水を含ませ、含ませた水が滴らない程度まで、適度に水を絞る

01

スポンジで革の表面を擦り、革の内部に水を含ませる。スポンジを動かす手を途中で止めると、その部分のみに水が多く浸透し、革の状態が部分的に変化してカットに影響を及ぼすため、手を止めず一様に革の表面をスポンジで擦る

02

革の表面の色が均等になるまで、繰り返しスポンジで擦る。表面に水が浮く（革から染み出してくる）ようだと入りすぎなので、写真の程度で手を止める

03

革を裏返し、全体が均一に色付くまで、床面からも水を含ませる（革の厚みが2.0mm以下の場合は不要）

04

水を含ませた革の上にトレスフィルムを重ね、前工程と同様、図案のボーダーラインを先に鉄筆でトレースする

05

ボーダー内の図案のトレースも前工程と同様、始めにフラワーをトレースし、続けて各サブモチーフ、蔓草のラインの順にトレースする

06

Basic Work

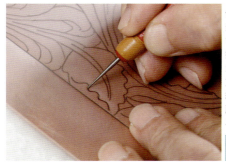

使用する鉄筆の先端の太さ（大きさ）は、扱い易さや好みで選べばよいが、細い（小さい）方がカットの際、細かく込み入った所でのズレを抑えることができる

07

POINT

トレスフィルムへのトレース時と同様、トレースの途中や最後で必ず、写し漏れがないことを確認する

CHECK

革の表面へ、鉄筆で図案のラインをトレースした状態。使用する革の種類や水の入り具合、鉄筆を動かす際の力加減により、トレースラインの入り方は変化する。深く入りすぎる（凹みすぎる）と、カット時の刃先の動きに影響を及ぼし、かといって浅すぎる（薄すぎる）とラインそのものを認識しづらくなるため、写真の程度の適切な入り具合になるよう、実際に使用する端革等で事前にテストすることを推奨する。また、この後のカットによってラインを整えることは可能だが、始めからスムーズにカットできるよう、慎重かつ正確に図案のラインをトレースする

27

STEP.2
カット

革の表面を適度に湿らせ、STEP.1でトレースしたカットラインを、スーベルナイフでカットする。

使用する工具／資材

・スポンジ／ボウル
・スーベルナイフ
・ルージュスティック台（革砥）

※革の湿り具合に不足や過多があると、スムーズなカットの妨げとなるので、使用する革と同じ端革（裁ち落とし）で確認する。事前のチェックは重要

スーベルナイフの持ち方

利き手の人差し指の第一関節をヨークに掛け、親指と中指でボディと刃の境目辺りを支える。（※写真では境目が分かりやすいよう、親指を上へずらしている）カットの際、刃先を安定した状態で動かせるよう、小指と手の側面を革の上にのせる

カット時のボディの角度

カットするラインに対し、ボディ＝刃を垂直に立てる。右写真の様にボディを傾けてカットすると、革に対して刃が斜めに切り込むカットラインとなり、後に打つ刻印に悪影響を及ぼしてしまう

直線のカット

刃の角をラインに食い込ませ、ボディを軽く奥に倒した状態で手前に引き、革の厚みの1/3〜1/2程をカットする。カットを浅くする際はボディを手前に起こし、逆に深くする際はさらに奥へ倒し（右写真）、刃の入り具合を調整する

直線をカットする際は、刃幅の1/2〜1/3程が革に入った状態を保つと、ラインを逸脱しづらくなる（カットする刃の反対端は、革の表面より僅かに上へ出る）

Basic Work

曲線のカット

曲線のカット時はボディを奥へ深く倒し(傾け)、刃の角をメインに使用する

← 継ぎ目
← スタート

親指と中指でボディを回転させ、カーブに合わせて刃の進行方向を変化させる。小さなカーブと大きなカーブでは、刃先の角度や力の入れ具合に変化を付ける。また曲線をカットする際は、一気にカットせずに何度かに分け、途中で革の向きを変えてもよい。ただし、継ぎ目が目立たないようにスムーズなカットを心がける

ボディを大きく傾け、刃の角のみを革へ食い込ませることで刃先の動きに自由度が増し、曲線をスムーズにカットできる(※直線カット時の、刃幅の1/2〜1/3程が革に入った状態を"線でカットする状態"に例えると、刃の角のみが革に入った状態は"点でカットする状態"に例えられ、刃先の動きを妨げる抵抗が少なくなる)

直線のカット時と同様、曲線のカット時もボディ=刃を垂直に立てた状態を保ち、斜めに切り込まないようにする(ボディの角度が分かりやすいよう、写真では親指と中指をボディから外している)

29

STEP.2 カット

1. ボーダーのカット

あらかじめ、革の表面を適度に湿らせる（刃が適度に食い込み、スムーズに動く状態を端革等で確認する）。ボーダーのコーナー手前から刃を入れてコーナーをカットし、続けてコーナーの先の直線を、次のコーナーの手前まで一気にカットする

01

01の直線をコーナーの手前までカットしたら、革の向きを変え、次のコーナーと直線をカットする。同じ手順を繰り返し、先に全てのボーダーラインをカットする

02

2. 図案のカット

図案のメインモチーフであるフラワーの、花弁からカットする。花弁の外側面から刃を入れ、花芯に向かう内側面へ向けて刃を抜く。刃を抜く際はカットを徐々に浅くし、カットを終える所でカットラインを先細りにして抜く（詳細は次頁の**03**参照）

01

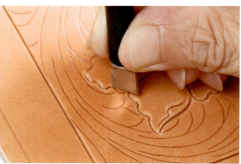

花弁の外側面のスカラップは、刃の角を小刻みに動かして滑らかにカットする。リーフのスカラップのラインも共通だが、慣れない内は次頁の「POINT」の手順を練習し、カットの要領を把握しておくとよい

02

Basic Work

凹凸の細かいスカラップをカットする際は、凹凸の各頂点で刃の動きを一旦止め、刃を抜かずにその場で刃の向きを変えて続くラインのカットに移る（刃の角＝点で向きを変えれば、凹凸の各頂点の周辺にカットの影響を与えない）

花弁内側面のラインの終わりは、ボディの傾きと力加減を調整して刃の入りを徐々に浅くし、ラインの端でカットが自然にスッと消える「フェザーアウト」状態にする。フェザーアウトは、他のラインやデコレーションカット（刻印後の装飾カット）でも多用する

03

04 各フラワーのカットを終えたら、リーフ、つぼみ、スクロール等のモチーフをカットする。ラインの両端をフェザーアウトさせる場合は、写真の様にカットの始めから刃を浅く入れて切り出し、徐々に刃を深く入れてカットを深くする

05 ラインの終わりに近付いた所からは03と同様、刃の入りを徐々に浅くしてフェザーアウトさせる。フェザーアウトはボディの傾きと力加減がポイントとなるので、きれいにカットできるようになるまで、繰り返し練習しておきたい

STEP.2 カット

CHECK

フラワー、リーフ、つぼみ、スクロール等のモチーフをカットし終えた状態

サークルを構成する茎や蔓草を内側から外側へ向けてカットし、続けてサークルから派生する茎や蔓草を全てカットする

06

CHECK

革の表面へトレースした図案のラインを、全てカットし終えた状態。先にトレースしたラインはあくまでもカットの目安であり、実際にカットしたラインが刻印を打つ際のガイドとなる。このため、トレースラインの微細なズレやガタつき等は全てカットでスムーズに修正し、他のラインも全て、図案全体のバランスを見ながらカットで整える。各ラインは、花弁であれば「側面から花芯へ向け」、サークルを構成するモチーフであれば「内側から外側へ」というように、フェザーアウトさせる方向が定められているので、トレース用図案のカットラインを参照し（読み取り）、正確にカットする。ラインが交差したり接続する箇所は、図案のモチーフの重なりを確認してカットし（メイン・サブモチーフを先行してカットすれば間違いにくい）、最初にカットしたボーダーには、カットラインをつなげない

Basic Work

STEP.3
刻印 ①

革の床面にのびどめシートを貼った後、ベベラ、リフターをメインに使用して図案の全体像を表す。

使用する工具／資材

・のびどめシート
・打ち台
・打ち具
・スポンジ／ボウル
・刻印（ベベラ）
・刻印（リフター）
・刻印（フラワーセンター）

1. 床面にのびどめシートを貼る

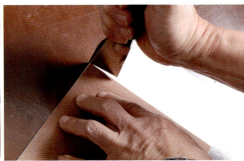

刻印を打つことによる革の伸びを防ぐために「のびどめシート」を床面に貼る。革のサイズに合わせ、のびどめシートを切り出す

01

のびどめシートの剥離紙を剥がし、床面に貼り合わせる

02

打ち具（モウル）の持ち方

打ち具（モウル）は、打つ力加減を小刻みにコントロールしたい場合は左写真、打刻部の重さを利用して力強く打ちたい場合は右写真の様に持つ。しかし厳密な決まりは無いので、状況に合わせて自分に合った持ち方をすればよい

STEP.3 刻印 ①

刻印の持ち方

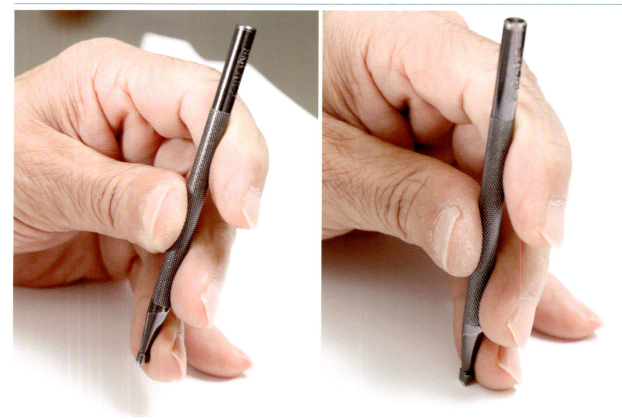

薬指を刻印の先端（打刻部）にあて、親指、中指、人差し指の3本で刻印の軸をバランスよく支える。刻印を打つ際は、小指と手の側面を革の上にのせ、薬指で刻印先端の動きをガイドしつつ、残り3本の指で軸を垂直（基本）に支える

ベベラの打ち方

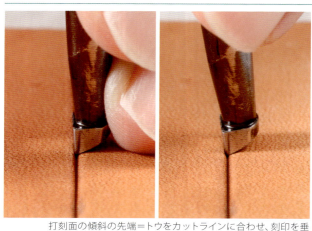

打刻面の傾斜の先端＝トウをカットラインに合わせ、刻印を垂直に立てた左写真の状態が基本。打刻痕の幅や深さを調整するため、トウのラインを軸に左右に傾ける場合もある（右写真）

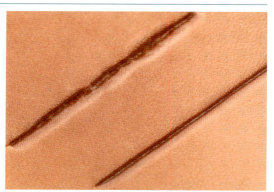

ベベラは、カットラインに沿って断続的に滑らせながら打つことで、そのカットライン際へ写真内右の様なスムーズにつながった傾斜を付ける。途中で打つ手が途切れたり刻印の角度がズレると、写真内左の様に傾斜がガタガタになるので、まずはまっすぐなカットラインへ正確に傾斜を付ける練習をするとよい

Basic Work

2. ボーダーにベベラを打つ

始めに、ボーダーラインの内際をベベラで沈める。まずはボーダー四隅の曲線の内際を幅狭の「ベベラ(SKB936-2)」で沈める。各種の刻印を打つ際は必ず、革の内部へ適度に水を含ませる

01

02 コーナーが始まる直線部からベベラを打ち始め、コーナーのカットラインにベベラのトウを沿わせつつ断続的に滑らせて打ち(※刻印の幅の1/3～1/2位で横方向に小刻みに滑らせる)、コーナーを抜けた先の直線部までを沈める

続けて、先に沈めたコーナー間の直線部を、矢印の方向に幅広の「ベベラ(SKB702-2)」を打って沈める

03

コーナーの打ち始め、または打ち終わりにベベラの端を合わせ、コーナーの傾斜につながる傾斜をつけていく

04

ベベラを断続的に滑らせながら打ち、直線の先にあるコーナーの端の傾斜につなげる(※04とこの05は、刻印の位置や動きを分かりやすくするために指の位置を上にずらしているが、実際は03の持ち方で打ち進める)

05

35

STEP.3 刻印 ①

CHECK

ベベラでボーダーの内際を沈めた状態。打刻痕が途中で途切れたりガタつくことなく、スムーズにつながる傾斜を付ける。ボーダー際に図案のカットライン（端）がある所も、そのカットラインを避けることなく、カットライン上にベベラを打つ

3. スカラップ及び、各モチーフの主要凹部にリフターを打つ

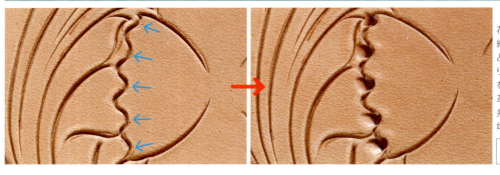

花弁とリーフのスカラップ、細かい凹凸の凹部及び、花弁とリーフのターンバック（折り返し）した凹部にリフターを打ち、ライン際を深く沈めて革の表面を浮き立たせる。花弁のスカラップは、刻印の先端を花芯に向けて打つ

01

各部の細かい凹部に合う、先細の「リフター（SKB050）」を打つ。刻印のトウをカットライン＝スカラップの凹部に合わせ、刻印をトウ側へ若干傾けて打つ。革に水が入りすぎていると表面がグニャリとめくれるため、程よく水が入った状態で打つ

02

Basic Work

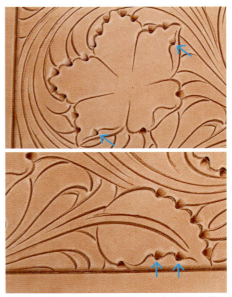

| 03 | 01で表した箇所全てに、リフターを打った状態。ターンバックした凹部以外は全て、各カットラインの外側面からリフターを打つ。リフターを打った箇所は、後にその上からあらためてベベラを打つが、その前にリフターを打っておくことで、ベベラのみによる傾斜以上の効果（立体感・奥行き）を与えることができる |

花弁の内側とリーフの内側のターンバック部、矢印で表したそれぞれ2ヵ所は、他の箇所とは刻印を打つ向きが異なるので、間違えないように注意。左写真の右下コーナー近くのリーフにも、リフターを打っている

CHECK

幅広のリフターを打った箇所（同位置）のクローズアップ。先に打った幅狭のリフターと同様、ライン際を沈めると共に、革の表面を浮き立たせている

| 04 | 続けて茎や蔓草、スクロール、花弁やリーフのターンバック部（写真上に矢印で表した箇所）等、アール（R＝曲率）の大きい凹部に幅広の「リフター(SKB061)」を打つ。このリフターは、各凹部を後のベベラできれいに沈めるため、トウの丸いリフターでその輪郭をくっきり整えるために打つ。写真は幅広のリフターを全て打ち終えた状態なので、上の03の写真と見比べ、このリフターを打った箇所を確認してほしい |

37

STEP.3 刻印 ①

05 幅広のリフターを打つ凹部が広範囲に渡る場合は、ベベラを打つ際と同様、そのカットライン際のアール（R＝曲率）にトウの曲面をピッタリと沿わせ、断続的に滑らせながら打つ

4. フラワーセンターを打つ

フラワーの中心（花芯部）へ向けてフェードアウトさせた各花弁側面のラインを参照し、仮で中心位置を設定して印（丸ギリ等の点）を付ける。付けた印に「フラワーセンター（SKJ565）」の中心を揃え、力強く最初の1打を打ち込む

01

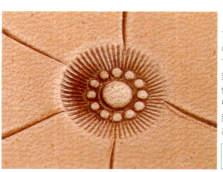

フラワーセンターの最初の1打を打ち終えた状態。打刻痕を見ると、左側に刻印が強く入り、右側や上下は刻印の入りが浅いことが分かる

02

POINT
打刻面と打刻痕をピッタリ合わせ（刻印を回した際に引っ掛かるまで）、刻印の入りが浅い方へ刻印を傾けて打ち、打刻痕を均一にする

Basic Work

前頁の「POINT」工程により、フラワーセンターの打刻痕を均一にする。革の状態や水の入り方、打刻の力加減により入り方が異なるので、適宜調整して刻印を打つ

03

CHECK

フラワーの中心に花芯を表した状態。ここで表した花芯は、ベベラを打った後に打つシェーダーの基準となる

5. ベベラを打つ

先にリフターを打った花弁のスカラップにベベラを打つ。左写真はベベラを打つ前、右写真はベベラを打った後で、その状態は大きく変化する

01

  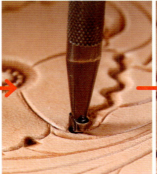 

スカラップの細かい凹凸は、「幅狭のベベラ（SKB936-2）」を小刻みに角度を変えながら断続的に滑らせて打つ。打ち始めの凹部で刻印を打った後、位置を変えずに刻印を僅かに回転させて打つ。同じ位置で徐々に刻印を回転させながら打ち、まずは凹部を均等に沈める。凸部はラインに沿って打ち、再び凹部に来たら、直前の方法で同様に沈める

02

STEP.3 刻印 ①

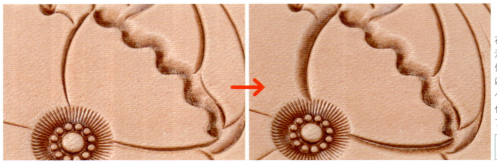

花弁のスカラップをベベラで沈めたら、次はその花弁の内側面にベベラを打つ。左写真はベベラを打つ前、右写真はベベラを打った後。ベベラで付ける傾斜は、花芯へ向けてフェードアウトさせる

03

04 花弁内側面はアールが緩やかなため、幅広の「ベベラ（SKB701-2）」を打つ。外側面から花芯へ向けて刻印を打つ際は、2/3程度打ち進めた所から徐々に刻印をトウ側へ傾け、トウの入りを浅くすることで傾斜をフェードアウトさせる

05 花芯から外側面へ向けて刻印を打つ際は、花芯側で刻印をトウ側に傾けた状態で打ち始め、徐々に刻印を起こしつつ傾斜をフェードインさせ、1/3程度打ち進めた所から刻印を垂直に立て、トウの入りが深い状態で外側面まで傾斜を付ける。なお、ここでは刻印の角度を変えているが、力加減を変化させることでも傾斜をフェードアウト（イン）させることができる

CHECK

右写真の花弁左側面は、刻印を傾けてフェードアウトさせずに傾斜を付けた状態。花弁の付け根には後で別の刻印（ストップ）を打つが、フェードアウトさせないとその効果が薄れてしまうため、必ずフェードアウトさせる

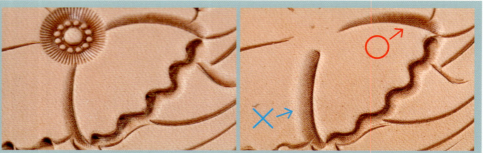

Basic Work

花弁の内側にある3ヵ所のターンバック部は、写真の様に花芯側のカットライン際にベベラで傾斜を付ける

06

CHECK

傾斜を付けるライン際を間違え、矢印側からベベラを打つとターンバック部の表現があやふやになってしまう

各フラワーにベベラを打ち終えたら、リーフ側面のスカラップとターンバック部及び、その中心の葉脈と茎の側面にベベラを打って傾斜を付ける（左写真）。続けて、つぼみを表すカットライン際にも傾斜を付ける（右写真）。ベベラは、幅広と幅狭を使い分ける

07

凹部へ幅広のリフターを打ったスクロールにもベベラを打ち、左写真の状態に対し右写真の様な傾斜を付ける

08

スクロール外側の凸部は、中心（リーフの先端）から外側へ向けてベベラを打つ。スクロールが一旦途切れるボーダーの手前で、傾斜をフェードアウトさせる

09

STEP.3 刻印 ①

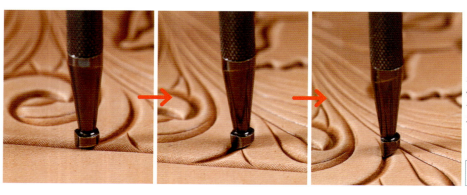

ボーダーで途切れたスクロール外側の凸部へ、続けて同じベベラを打つ。ボーダー際からフェードインする傾斜を付け、カットラインの終わり（リーフの付け根）で傾斜をフェードアウトさせる

10

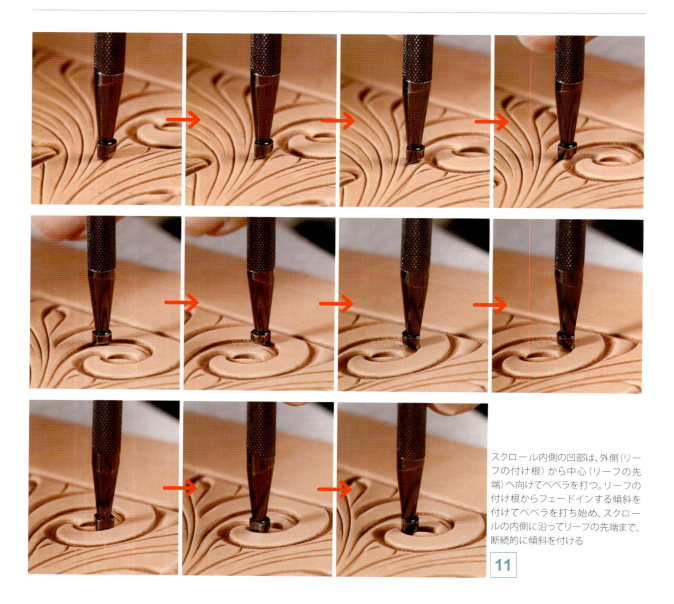

スクロール内側の凹部は、外側（リーフの付け根）から中心（リーフの先端）へ向けてベベラを打つ。リーフの付け根からフェードインする傾斜を付けてベベラを打ち始め、スクロールの内側に沿ってリーフの先端まで、断続的に傾斜を付ける

11

Basic Work

フラワー、リーフ、つぼみ、スクロールの順にベベラを打ち終えたら、次はフラワーやつぼみ、リーフに接続する茎のカットライン際にベベラを打つ。各カットラインのフェザーアウトに合わせ、フェードイン・フェードアウトで傾斜に強弱を付け、陰影にメリハリを付ける

12

茎のカットライン際にベベラを打ち終えたら、残る蔓草のカットライン際にベベラを打つ。図案を正確に読み、バックグラウンドと蔓草を見極めた上、蔓草のカットライン際へ確実にベベラを打つ。この時も**12**と同様、各カットラインのフェザーアウトに合わせ、フェードイン・フェードアウトで傾斜に強弱を付ける

13

POINT

各種の刻印を打つ際は、革の状態を確認して適宜水を補給する。スポンジの他、スプレー式の霧吹きで革の内部へ水を浸透させてもよい

STEP.3 刻印 ①

> CHECK

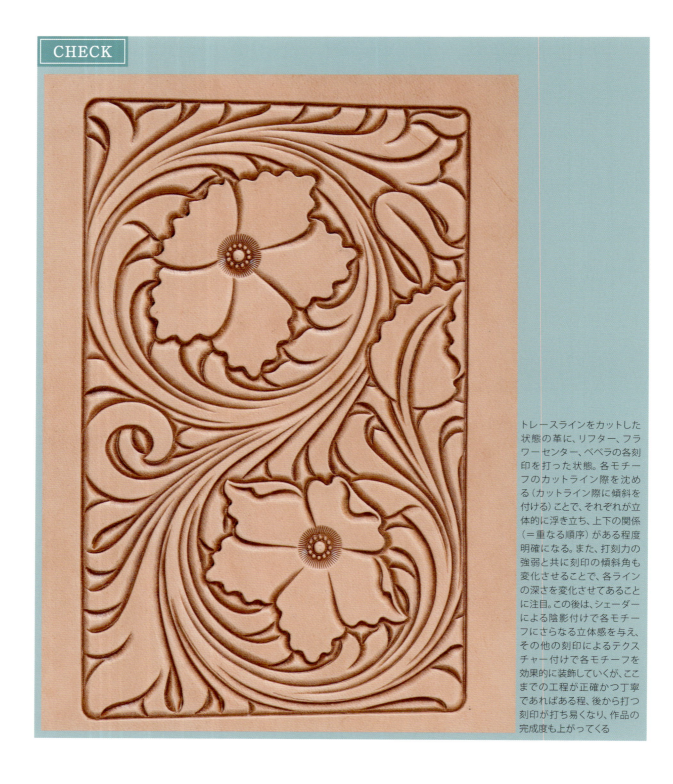

トレースラインをカットした状態の革に、リフター、フラワーセンター、ベベラの各刻印を打った状態。各モチーフのカットライン際を沈める（カットライン際に傾斜を付ける）ことで、それぞれが立体的に浮き立ち、上下の関係（＝重なる順序）がある程度明確になる。また、打刻力の強弱と共に刻印の傾斜角も変化させることで、各ラインの深さを変化させてあることに注目。この後は、シェーダーによる陰影付けで各モチーフにさらなる立体感を与え、その他の刻印によるテクスチャー付けで各モチーフを効果的に装飾していくが、ここまでの工程が正確かつ丁寧であればある程、後から打つ刻印が打ち易くなり、作品の完成度も上がってくる

Basic Work

STEP.4
刻印 ②

各モチーフに刻印で陰影とテクスチャーを付け、バックグラウンダーでバックグラウンドを沈める。

使用する工具／資材

- 打ち台
- 打ち具
- スポンジ／ボウル
- 刻印（シェーダー）
- 刻印（カモフラージュ）
- 刻印（ベンナー）
- 刻印（シーダー）
- 刻印（ミュールフット）
- 刻印（バックグラウンダー）

1. 花芯の周りに陰影を付ける

花芯の周りに「シェーダー・タテ（SKP369）」を打ち、放射状にフェードアウトする陰影を付けて花芯に奥行き感を与える（花芯をボウルの底に置くイメージ）。このシェーダーはベベラを補うのが主目的でその打ち方もベベラとほぼ同じく、横移動となる。

01

刻印のヒール先端を花芯際に合わせ、刻印を花芯側に傾けて外側へ向け、断続的に滑らせて打つ。ヒールを常に花芯へ向け、花芯の周り全てに陰影を付ける

02

2. がくと茎のターンバック部に陰影を付ける

フラワーと茎を接続するがくと、がくと茎の境目にあたる茎のターンバック部にシェーダーで陰影を付け、ベベラによるがくの上のエッジを自然に均し、花弁との距離感を表す。花芯の周りと同じく、この陰影付けにも「シェーダー・タテ（SKP369）」を使用する

01

45

STEP.4 刻印 ②

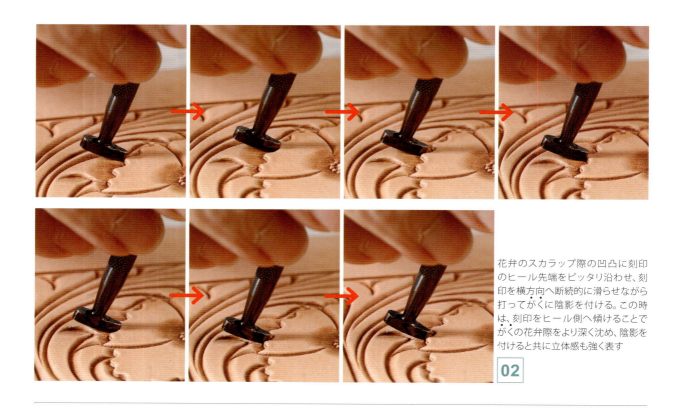

花弁のスカラップ際の凹凸に刻印のヒール先端をピッタリ沿わせ、刻印を横方向へ断続的に滑らせながら打ってがくに陰影を付ける。この時は、刻印をヒール側へ傾けることでがくの花弁際をより深く沈め、陰影を付けると共に立体感も強く表す

02

ベベラで付けた傾斜に刻印のヒール先端をピッタリを沿わせ、茎のターンバック部にも陰影を付ける。この時も02と同様、刻印をヒール側へ傾けた状態で、横方向へ断続的に滑らせながら打つ

03

残りのフラワーのがくと茎のターンバック部にも、**02〜03**と同じ要領で陰影を付ける

04

3. リーフの内側に陰影を付ける

リーフの中央の葉脈に沿い、シェーダーでリーフの両側面・葉脈の先端側へ向けてフェードアウトする陰影を付ける。シェリダンスタイルでは通常、この陰影付けに「リーフライナー」を使用するが、ここにも「シェーダー・タテ（SKP369）」を使用する

01

Basic Work

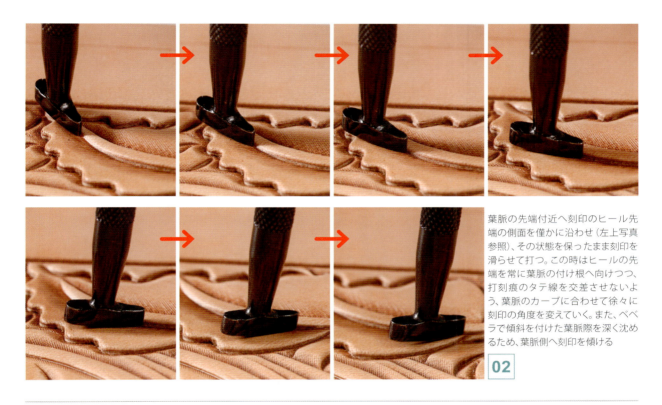

葉脈の先端付近へ刻印のヒール先端の側面を僅かに沿わせ（左上写真参照）、その状態を保ったまま刻印を滑らせて打つ。この時はヒールの先端を常に葉脈の付け根へ向けつつ、打刻痕のタテ線を交差させないよう、葉脈のカーブに合わせて徐々に刻印の角度を変えていく。また、ベベラで傾斜を付けた葉脈際を深く沈めるため、葉脈側へ刻印を傾ける

02

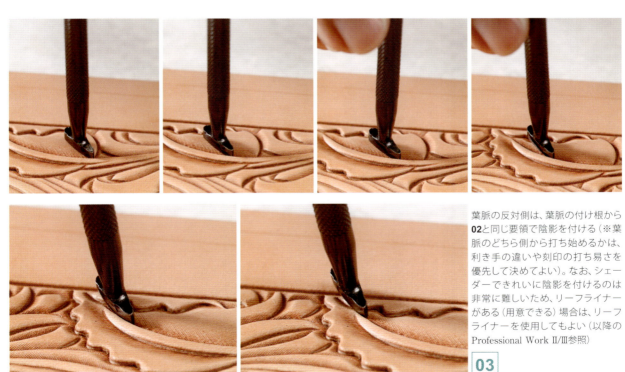

葉脈の反対側は、葉脈の付け根から**02**と同じ要領で陰影を付ける（※葉脈のどちら側から打ち始めるかは、利き手の違いや刻印の打ち易さを優先して決めてよい）。なお、シェーダーできれいに陰影を付けるのは非常に難しいため、リーフライナーがある（用意できる）場合は、リーフライナーを使用してもよい（以降のProfessional Work Ⅱ/Ⅲ参照）

03

STEP.4 刻印 ②

4. つぼみ付け根の茎とリーフに陰影を付ける

つぼみの付け根に接続する茎と、その脇にあるアカンサスリーフの中心に陰影を付ける。「シェーダー・タテ（SKP369）」を使用し、つぼみ付け根の茎はフラワーのがくと同様、リーフの中心は先のリーフと同じ要領で陰影を付ける

01

明確な葉脈が無いアカンサスリーフは、ベベラで深く付けた傾斜に沿い、先のリーフと同じ要領で刻印を打つ。リーフの付け根側を始点とし、リーフの先端にあたるターンバック部へ向け（逆から打ち始めてもよい）、徐々に刻印の角度を変えながら打刻痕のタテ線が整った陰影を付けていく

02

5. 花弁のスカラップ内側に陰影を付ける

各フラワーの花弁内側のスカラップ及び、リーフの側面内側のスカラップに「シェーダー・ヨコ（SKP861）」で陰影を付け、それぞれの花弁の先に「リッジ＝畝（うね）」（青で着色した箇所が該当）を作る

01

Basic Work

刻印のヒールを花芯に向け、トウのカーブをスカラップ凸部のカーブに揃える。凸部の側面から1mm程間を空け、刻印をトウ側に傾けた状態で打つ。この刻印は全て、滑らせずに1打で終える

02

リーフへも花弁と同様に刻印を打つが、スカラップ凸部の幅が狭い箇所は、刻印のヒールで打つ。ボーダー際のターンバック部は、写真の様にボーダー側からも刻印を打つ

03

CHECK

フラワー、リーフ、がく、茎といった各モチーフに、シェーダーで陰影を付けた状態。フラワーは、花芯の周りに陰影を付けることで花芯に奥行きを表し、花弁側面の表面に陰影を付けることで、ヒラヒラと波打つ抑揚を表している。リーフは、中心の葉脈際に陰影を付けることで葉脈を際立たせ、側面に陰影を付けることで花弁と同様に抑揚を表している。各シェーダーは、スカラップのカットラインから僅か内側に刻印を合わせ、縁(この縁を"リップ"と呼ぶ)が少し残るように打つ

6. 蔓草に陰影を付ける

茎やサークルから派生する蔓草の先端付近に、「シェーダー・ヨコ(SKP368)」で陰影を付ける。フラワー(花弁)の下やボーダーの外に伸びた蔓草も、その先の先端を想定して陰影を付ける

01

49

STEP.4 刻印 ②

02 矢印で表した、ボーダーの外へ伸びる蔓草に陰影を付ける手順を解説する

03 ボーダーを避け、蔓草の中心へ刻印のトウを合わせて最初の1打を打つ。ベベラによる傾斜のエッジを潰さず、その反対側面にも打刻痕が掛からないよう、刻印を適宜傾けて的確に蔓草の中心へ陰影を付ける

04 03で付けた陰影に刻印のトウを重ね、陰影を付けていない革の表面を打ち、蔓草の付け根（派生するサークル側）に向けて陰影を伸ばす。この時も蔓草の側面を潰さないよう、刻印を傾けて革に当たる打刻面を適宜調整する

05 蔓草の表面を確認し、バランスを見ながら陰影の面積を広げていく。刻印を打つ際は常に、蔓草のアウトラインであるエッジと側面を潰さないように注意し、なるべく少ない手数（打刻数）で陰影を付ける

06 蔓草の付け根近く、先細りに収束する箇所に陰影を付ける際は、エッジや側面を潰さないように刻印を横に傾け、刻印の側面を斜めにあてて打つ。また、打つ箇所の面積に合わせて適宜、刻印のヒールとトウを使い分ける

Basic Work

フラワーの下に伸びる蔓草等も、陰影の付け方は**03〜06**と同様。刻印の角度や傾きを変えることで革の表面に当てる打刻面を変化させ、蔓草のアウトラインであるエッジや側面を的確に避けて効果的に陰影を付ける。これまでの工程は1打ごとのコマ送りで解説したが、実際は刻印を断続的に滑らせながら陰影を付ける

07

CHECK

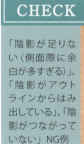 

蔓草に陰影を付ける際は、ベベラによるエッジや側面のラインへ打刻面が掛からないよう、細心の注意を払う

CHECK

「陰影が足りない（側面際に余白が多すぎる）」、「陰影がアウトラインからはみ出している」、「陰影がつながっていない」NG例

CHECK

図案内の蔓草全てに、シェーダーで陰影を付けた状態。誤って茎やスクロールに陰影を付けないよう、図案を正確に読みながら工程を進めていく

STEP.4 刻印 ②

7. 花弁にテクスチャーを付ける

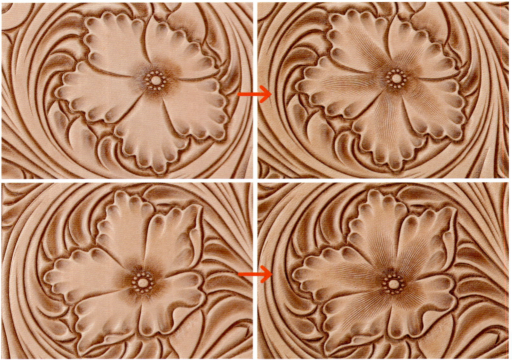

花芯から花弁の先端に向け、「カモフラージュ（SKC431）」でフェードアウトするテクスチャーを付ける

01

左上写真の位置より、刻印のヒールを花弁の先端（側面のスカラップの中心）に向け、ヒール側へ刻印を僅かに傾けた状態で断続的に滑らせながら打ってテクスチャーを付ける。花芯側から刻印を強く打ち始め、花弁の先端へ向けて打つ加減を徐々に弱め、付けるテクスチャーをフェードアウトさせる

02

CHECK

02の方法で付けたテクスチャー（写真内左側の花弁）と、刻印を傾けずにずらしながら打ち、刻印のコーナー間の凹側面の打刻痕がくっきりと表れたテクスチャー（写真内右側の花弁）。どちらが自然できれいに見えるかは明白である。場合により、あえて後者の様な表現をすることもあるが、その場合も刻印はヒール側に傾け、放射状に並ぶラインのテクスチャーのみを自然にフェードアウトさせる

8. 「ストップ＝止め」を打つ

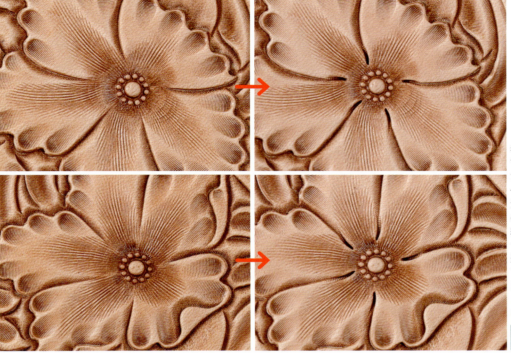

各花弁の側面、ベベラで傾斜をフェードアウトさせた隣り合う花弁の付け根の境界を刻印で沈め（影を付け）、ラインの終点を強調して引き締まった印象を与える。シェリダンスタイルでは通常、この表現に「ストップ」を使用するが、ここでは他の表現でも多用する「ベンナー（SKV707）」を使用する

01

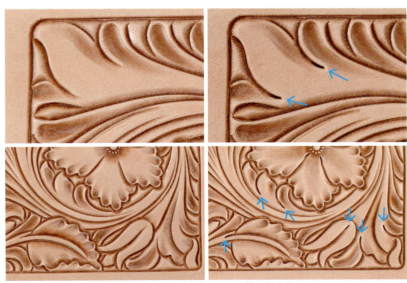

02 01の花弁の付け根の他、蔓草の付け根やリーフの茎の付け根、つぼみの花弁の付け根等、花弁と同じくベベラで傾斜をフェードアウトさせた境界も沈める。ただし、図案にある全ての境界を沈めるのではなく、各モチーフが大きく分岐する箇所等を吟味し、図案全体のバランスを取って沈める

03 付け根と刻印のカーブを揃え、刻印のコーナーを付け根にピッタリ合わせた状態で（合わせた）コーナー側に刻印を傾け、1打で付け根のみを沈める

STEP.4 刻印 ②

> **CHECK**

01で表した花弁の付け根の境界と、02で表した各モチーフが分岐する境界を全て沈めた状態。矢印は花弁の付け根以外の沈めた箇所を表しているので、この図案に対してどのような箇所を沈め、どのような効果が表れているのかを確認してほしい

9. 各モチーフにベンナーでテクスチャーを付ける

フラワーの付け根にあるがくの、シェーダーで付けた陰影の上に「ベンナー(SKV463)」を並べて打ち、茎の付け根に向けてフェードアウトするテクスチャーを付ける。次頁で解説する各所にも、同じベンナー(ライン＆スカラップ)を使用する

01

Basic Work

スクロールの外側面から内側面に向け、フェードアウトするテクスチャーを付ける。このテクスチャーは、渦巻き状を呈した新芽の細かい葉脈を表し、スクロールの膨らみと収束に合わせ、テクスチャーの間隔を僅かに変化させる

02

リーフ中央の葉脈の両側面、シェーダーで付けた陰影の上に、葉脈の先端側へ向けてフェードアウトするテクスチャーを付ける。このテクスチャーは、中心の葉脈から派生する葉脈を表し、葉脈の付け根側から徐々に間隔を狭めつつ、対称に並べる

03

アカンサスリーフの中心に付けた陰影の上にも、ベンナーで葉脈を表すテクスチャーを並べる。シェーダーで付けた陰影と同様、このテクスチャーはベベラで傾斜を付けた側面のみに付ける

04

03のテクスチャーは、葉脈の付け根から適度に間を空け、同方向に向けて並べる。刻印を打つ際は、その凹部を葉脈に向け、コーナーを葉脈に合わせる。そして、葉脈に合わせたコーナー側へ刻印を傾け、葉脈側を深く沈めるように打ってフェードアウトさせる

05

55

STEP.4 刻印 ②

葉脈の反対側は、先に付けたテクスチャーと対称に刻印を打ってテクスチャーを付ける。04のアカンサスリーフは、間隔をさらに狭めて刻印を同様に打てばよい

06

01のがくは、花弁側面に刻印のコーナーを合わせ、花弁側へ刻印を傾けて打つ。反対側のコーナーをがくが収束する箇所へ向け、テクスチャーをバランスよく並べる

07

02のスクロールは、刻印のコーナーを外側面に揃え、外側面側へ傾けて打つ。スクロールの付け根から細かく刻むように間隔を空けてテクスチャーを並べ、スクロールの広がりに合わせて徐々にその間隔を広げ、先端の収束に合わせて再び間隔を狭める

08

> **CHECK**

01〜04で表した各所へ、ベンナーでテクスチャーを付けた状態。各モチーフの上へ刻印をベタ打ちしてテクスチャーを付けるのではなく、傾斜を付けた側や外側面等へ刻印を傾けて打つことにより、強弱とフェードアウトの効果を与えることが重要。また、連続して並べるテクスチャーの間隔や、フェードアウトさせる先の向き、奥行きを表すためのバランス等も重要となる

Basic Work

10. シーダーを打つ

フラワーのがくと茎の接続部にあたるターンバック部に大粒の「シーダー(S705)」、つぼみの付け根にあたるがくの中心に小粒の「シーダー(SKS705)」を打つ。これらのテクスチャーは、図案の中にワンポイントのアクセントを入れるような表現となるが、刻印を打つ上での明確な理由は無く、あえていえば「昔からシェリダンスタイルで用いられている表現だから」という一言が適切な説明となる

11. ミュールフットでテクスチャーを付ける

大小の「ミュールフット(SKU857/SKU853)」を用い、図案の各所へ波紋の様に広がるテクスチャーを付ける。シェリダンスタイルでは、この刻印を打つ箇所に一定の様式があり、「ストップを打った箇所」及び「シーダーを打った箇所」を始点に、各写真の様にフェードアウトするテクスチャーを付ける

01

57

STEP.4 刻印 ②

ミュールフットは**01**で表した箇所の他、左上写真に着色して表した、サークルの途中等で茎と蔓草が分岐する箇所（他3点の写真が、着色部のクローズアップ）にも打つ。その理由は**01**と同様、「シェリダンスタイルでは、この箇所にミュールフットを打つ傾向がある」というものである

ミュールフットは、**01**と**02**で表した箇所へ、各始点から僅かに間を空けて打ち始める。トウを打ち進める方向に向け、刻印をまっすぐに立てた最初の1打で明確なテクスチャーを付ける。そこから僅かに間隔を空け、徐々にトウ側へ刻印を傾けながら打ち進め、刻印を打つ力加減も調整することで、先細りにフェードアウトするテクスチャーを並べる。刻印を傾けることで革に当たる打刻面が狭まるため、必然的にテクスチャーも小さくなっていく

Basic Work

> **CHECK**
> ミュールフットを打つスペースに合わせ、使用する刻印の大きさを変更する。小は大を兼ねないが、刻印をトウ側へ傾けることで打刻痕を小さく表すこともできる

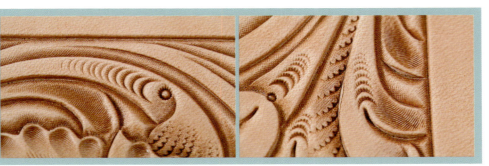

12. バックグラウンドを表す

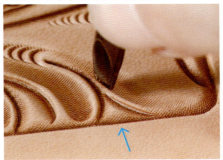

モチーフを除く背景＝バックグラウンドを、シェリダンスタイルの様式に則り「バーグラウンダー（SKA101-7/5/3）」で表す。矢印で表した箇所で解説を進めていく

01

モチーフに挟まれた谷間部分等、最も狭い箇所に刻印の側面を沿わせて最初の1打を打つ。使用する刻印は、スペースに合わせて粒の数（7・5・3）を調整する

02

03 始めの打刻痕に刻印の側面を並べ、タテ一列の粒（打刻痕）を隙間なく並べていく。この時は刻印の端（粒の端部）を常にモチーフの側面に沿わせ、モチーフ際に隙間を作らないようにしなけらばならないが、側面ばかりに気を取られていると別の箇所に隙間ができてしまうため、刻印の角度を僅かに変えつつ、どうしてもできてしまう隙間を最小限のスペースに抑えながら刻印を打ち進める。また粒に刻印を重ね、潰さないように注意する必要もある

59

STEP.4 刻印 ②

刻印の位置と角度を常に微調整しつつ、限られたスペースへ整然と打刻痕＝粒を並べ、バックグラウンドを埋め尽くす

04

01の矢印で表した位置と、その脇のバックグラウンドを潰した状態。バーグラウンダーを上手に打つためには、とにかく練習をして慣れる必要がある

05

CHECK

バックグラウンドに該当するスペース全てに、バーグラウンダーを打ち終えた状態。バックグラウンドの形状は千差万別のため、スペースに合わせて常に刻印の打ち方を変える必要がある。慣れない内はスペースを埋めることだけで精一杯になってしまうが、練習を繰り返して慣れるにつれ、図案に合わせてバックグラウンドにもフローを表すことができるようになる。バックグラウンドを埋めれば、刻印を使った工程は終了となる。次のデコレーションカットの工程へ移る前に今一度、刻印の打ち漏らしや表現不足の箇所がないか確認し、必要があれば手直しをしておく

Basic Work

STEP.5
デコレーションカット

シェリダンスタイルの様式＝これまでの作品例に基き、モチーフの然るべき箇所をカットで装飾する。

使用する工具／資材

・スーベルナイフ
・スポンジ／ボウル

繊細なカットが要求されるため、ナイフの刃先を常に研ぎ澄ましておく。刃が革に引っ掛かるような場合はルージュスティックで砥ぎ、刃が革の上を滑るような場合は、砥石で研ぎ直す必要がある

※デコレーションカット時は、革の表面が常にしっとりとした状態を保つよう、適宜スポンジ等で水を入れる。使用する革や室内の条件により、カットに適した水の入り具合は変わるので、トレースラインのカット時と同様、端革等でカットに適した水の入り具合を確かめておくとよい

カットが必須となるフラワーの花弁は、その配置（手前か奥か・どちらに開いているか）の違いによりカットの入れ方が変わる。矢印で表した花弁の形状は左右対称、即ち正面に向いて開いているので、その他の側面へ開いた花弁とはカットの入れ方が異なる

01

フラワーの花弁は、まずその中心に基準となるカットラインを入れる。スカラップの陰影、花芯寄りの端辺を始点に、花芯の中心へ向けて緩やかなカーブを描きながらカットし、花芯の手前でフェザーアウトさせて強弱を付ける

02

最初に入れたカットラインを基準に、その両脇へ適度な間隔を空けてカットラインを並べる。中心のカット時と同様、花芯の中心へ向けて緩やかなカーブを描く

03

01の写真で矢印で表した花弁は、中心を境目に、花芯の中心へ向けて左右対称にカットラインを並べる

04

STEP.5 デコレーションカット

デコレーションカットは、一つのモチーフに入れる複数のカットラインをセットで捉え、その流れに統一感を持たせることが重要。左の花弁は、各ラインが抜ける先が花芯の中心一点に定まらず、平行気味の単調な表現に留まっているためにNG。右の花弁は、各ラインがそのまま延びた場合は交差してしまう流れであり、流れにまとまりが無いためNGとなる

花弁と同様、カットが必須となるスクロールと蔓草。スクロールは、部分的にラインを区切りつつ、最終的にまっすぐ一本につながるラインを表す。蔓草は、シェーダーで付けた陰影の傾斜の境目辺りを目安に、その大きさに合わせて1〜2本のラインを入れる

05

刻印を打った箇所をカットする際は、革の表面の傾斜に合わせて垂直に刃を入れる。傾斜を無視してまっすぐに刃を入れると、角度が付いて革をえぐってしまう他、傾斜に刃先を取られ、狙い通りの方向に刃を進めることができなくなってしまう

Basic Work

フラワーの下に収まる蔓草も含め、前頁の「POINT」に注意して全ての蔓草をカットする

06

POINT

蔓草のNG例。左は花弁のNG例と同様、カットラインが交差する流れにまとまりが無く、右はカットラインが逸れ、側面に乗り上げている

フラワーに接続するがくの膨らみを想定し、ベンナーの付け根から茎のターンバック部までの範囲へカット（写真参照）を入れる。がくに続く茎のシーダーから派生するミュールフット上に、1本または平行に並ぶ2本のラインを入れる

07

刻印による陰影付けやテクスチャー付けをしていないつぼみと、アカンサスリーフの一部分（カットの入れ方は写真参照）にもデコレーションカットを施す

08

つぼみの花弁の側面に沿い、付け根へ向けて流れるラインを入れる。表現が単調にならないよう、刃を入れる深さや角度を変化させてラインに強弱を付ける

09

付け根近くの膨らんだ箇所、**09**で入れたラインの内側にもバランスよくラインを入れ、反対側の花弁にも対象となるラインを入れる

10

STEP.5 デコレーションカット

CHECK

全てのデコレーションカットを終えた状態。カットが施されたモチーフとその箇所、そしてカットの「流れ」と「強弱」をしっかりと確認してほしい。デコレーションカットは、実際の表現方法は多岐に渡るものの、刻印による表現以上に「ここをこうする」といった決まり事が少ないため、まずは先人達が発表したシェリダンスタイル作品を数多く鑑賞し、どの箇所にどのようなカットが入っているのかを知ることが重要となる。そしてカットを実践する際は、使用する図案の完成見本や自分の理想に近い作品の表現を模倣することから始め、作品制作を数多く手掛けることで技術とセンスを磨いてゆけばよい

Basic Work

STEP.6
染色

ニートフットオイルとレザーコートを塗った後、ペースト染料で作品の表面を染色して仕上げる。

使用する工具／資材

・ニートフットオイル
・ウールピース
・レザーコート
・ウエス
・霧吹き
・ペースト染料
・歯ブラシ
・ペーパータオル等

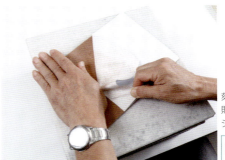

01 刻印の前に床面へ貼った、のびどめシートを剥がす

02 革に水が入っている（水気が残っている）場合は、完全に乾かす。時間短縮のためにドライヤーで乾かすこともできるが、その際は距離を空けた上、冷風で乾かす

1. ニートフットオイルを擦り込む

01 ニートフットオイルを適量、ウールピースやオイルスポンジクロスに含ませる

02 ウールピースに含ませたニートフットオイルを、作品の端から革の表面へ均一に擦り込んでいく

03 全体の色が均一なるまでニートフットオイルを擦り込んだ後、濃く出た色が引く程度まで乾燥させる。乾燥にかかる時間は、季節や乾燥スペースの状況によりまちまちだが、少なくとも一日置けば間違いなく完全に乾燥する

STEP.6 染色

2. レザーコートを塗る（浸透させる）

ウエスを4〜5cm四方に折り畳み、たっぷりとレザーコートを含ませる

01

POINT
ウエスでただ革の表面を擦るのではなく、ウエスを革の表面に押しあて、含ませたレザーコートを絞り出すようにして革へ浸透させる

塗り残しがないよう、端から順に図案を優先して革の表面へウエスを押しあて、刻印を打った凹部の奥までレザーコートを浸透させる

02

図案の上へ一通りレザーコートを浸透させたら、ボーダー外のスペースにもしっかりとレザーコートを擦り込み、少なくとも1日程度置いて完全に乾燥させる

03

CHECK

レザーコートを乾かしたら、革の表面に霧吹きで水を吹き付け、レザーコートののり＝皮膜を確認する。全体にしっかりとした皮膜ができていれば、吹き付けた水は革の表面に水滴として留まるが、皮膜が甘い箇所は矢印で表した様に、革の内部へ水が浸透してシミができる。この皮膜が甘い箇所を残しておくと、次に塗るペースト染料が濃く入りすぎて色ムラとなるため、シミができる箇所がある場合は、吹き付けた水を拭き取って乾燥させた後、シミができた箇所へ再びレザーコートを浸透させる。レザーコートは、革の内部への染料の浸透を防ぐ防染目的で塗るため、ただ表面に付着させるのではなく、しっかりと浸透させなければならない

Basic Work

CHECK

レザーコートを塗り（浸透させ）終え、完全に乾燥させた状態。この状態でも申し分のない仕上がりだが、この上へさらにペースト染料を塗り、刻印やカットによる凹部のみを着色することで、図案の立体感をさらに際立たせる

3. ペースト染料を塗る

歯ブラシにペースト染料を適量（写真の程度）取る

01

拭き取りを考慮し、10cm四方程度のスペースを目安にしてペースト染料を擦り込む。歯ブラシを回転させるように動かし、凹部の奥までしっかりと染料を入れる

02

POINT

染料を擦り込む際、革の表面に染料を固まりで放置すると、その部分のみに染料が深く浸透し、後で色ムラになる可能性があるので注意

10cm四方程度のスペースに染料を擦り込んだら、キッチンペーパー等で染料を拭き取る。染料を残さない凸部を意識し、余分な染料を確実に拭き取る

03

67

STEP.6 染色

残りのスペースにも、同様にしてペースト染料を擦り込む。歯ブラシの先をまんべんなくあて、ベベラで沈めた傾斜やデコレーションカット部へ染料を行き渡らせる

04

全ての図案上に染料を塗り終えたら、水を含ませて固く絞ったウエスを用い、ボーダー外に濃く残った染料を重点的に拭き取る

05

続けて、図案の凸部に濃く残った染料を、同じウエスで拭き取る。染料を拭き取るごとにウエスが汚れるので、拭き取る面やウエス自体を交換しながら拭き取る。この時は、凸部の表面のみをさらうようにし、凹部に残したい染料を落とさないように注意する

06

07 左写真は凸部に濃く残った染料を拭き取る前、右写真はこれをウエスで拭き取った後の状態。水を含ませたウエスで余分な染料を拭き取ることにより、凸部の色ムラをすっきりと消すことができる。この後、半日程度置いてペースト染料を乾燥させれば、作品は完成。手で触れて日常的に使用したり、衣服と接するような作品に仕立てる場合は、乾燥後にスプレーラッカーを吹いて色移りを防止する

Basic Work

完成作品

染色を終えて完成した作品。ビギナーでも比較的着手しやすい作品だが、ここまでの完成度を得るためには、かなりのスキルを必要とする。何度も制作を繰り返してスキルアップを図り、シェリダンスタイルカービングの魅力を堪能してほしい。

| 特別寄稿 | 本誌発行にあたり、日本におけるシェリダンスタイルカービングの第一人者であるタカ・ファインレザー・ジャパン代表の大塚氏に、シェリダンスタイル誕生の背景から発展の経緯、そして現在に至るまでの状況をまとめ、特別に寄稿頂いた。 |

「シェリダンスタイルカービング」

文：大塚孝幸／Taka Fine Leather JAPAN

はじめに

　日本で本格的なアメリカンレザーカービングが盛り上がりを見せ、約20年が経ちます。それ以前の日本におけるレザーカービングは一部を除き、手芸色が反映された和製レザーカービングと呼ぶべきもの、あるいはアメリカ風ではあっても、アメリカのレザークラフト材料メーカーによってホビー用にアレンジされたものが主流でした。そして約20年ほど前、日本に「シェリダンスタイルカービング」が紹介されて以来、日本のレザーカービング市場は大きく様変わりしました。そして、アジアの中ではカービング先進国である日本の影響を受け、近年では中国、台湾、韓国等にもその影響は及んでいます。これほどの強い影響力を持ち、アジアのみならず世界中のレザーカービング界に変化をもたらしたシェリダンスタイルカービングですが、その実態や歴史については正しく理解されていません。様々なカービングスタイルがある中で、シェリダンスタイルだけが特に脚光を浴びて世界的に普及したのは、その魅力が秀でているだけでなく、他にも要因があったからです。ここでは、デザインや技法的な説明は最小限にとどめ、シェリダンスタイルの背景と、生みの親と言われる人物の生い立ちを中心に、アメリカのレザーカービング界の歴史的背景も交えながら紹介したいと思います。

　なお、本記事は私個人の見聞を基に可能な限り客観的に執筆しましたが、レザーカービングやシェリダンスタイルの歴史に関する所見は諸説あるという事をご了承ください。また、テーマの都合により、今回はホビー業界のレザークラフトの歴史紹介は割愛しましたが、現在の恵まれたレザークラフト環境の実現にホビー業界は必要不可欠であり、決して軽視する意図はないという事をご理解ください。

シェリダンスタイルカービングの概略

　シェリダンスタイルカービングの「シェリダン」とは地名です。ワイオミング州の北部に位置する、大部分を平原と丘が占める郡です。「スタイル」はこの場合「作風」と理解するのが妥当でしょう。この地域にはかつて多くのウェスタンサドル（アメリカ式乗馬の馬の鞍）メーカーが存在し、そこで発祥し発展してきたカービングの作風なので、シェリダンスタイルカービングと呼ばれるようになりました。シェリダンの多くの職人によって育てられたスタイルですが、原型を築いたのはドナルド・リー・キング（通称：ドン・キング）氏というのが全ての職人に共通の認識で、発祥の時期は1950年代半ばです。

　デザインや技法的な特徴について明確な定義やルールはありませんが、作風が今日ほど多岐に渡る前の、本来のシェリダンスタイル全般に見受けられる象徴的な特徴や要素について述べてみたいと思います（明確な定義やルールがないという事に関しては、後ほど詳しく説明します）。

　レイアウトに関しては、フラワーの周りを取り囲むように円形に伸びる繊細な茎が、まるで幾何学模様のように連続して規則正しく配置され、その茎が優雅で流麗である事を重視した作風が最大の特徴と言えるでしょう。またフラワーのデザインに関して、花弁の輪郭が細かい波型（ホタテの貝殻を模してスカラップと呼ばれています）である事も特徴ですが、フラワーを正面からでなく斜め下から見た視覚効果を誇張したデザインにしたのは、当時のカービング界で初めてだったと言われています。

　技法としては、シェーダーとベベラ、フィニッシュカットに最大の特徴が見られると思います。シェリダンスタイル以前は、シェーダーはエッジを作らずぼかす、フェードアウトす

るというのが常識でしたが、シェリダンスタイルでは敢えてエッジを利かせてリップ（唇）と呼ばれる細いフチをくっきり残す技法が一般的です。茎は繊細さと流麗さを表現するために全般的に細く、線と線同士が近いため、ベベラを打つ際に互いのカットに影響しないよう、ベベラの傾斜が極めて鋭角であるのが特徴です。茎のカットは尻切れトンボ的にストンと終わる事なく、一つ一つがすべてフェードアウトしており、それに合わせてベベラを打つ強さもフェードアウトし、日本の書道で言う"払い"のような効果を与えます。

　最後の飾りカットは、他のカービングスタイルではデコレーションカット、デコラティブカットと呼ばれ、存在感の強い飾りカットで派手に装飾するのが目的である事が多いですが、シェリダンスタイルではフィニッシュカットと呼ばれ、柄そのもののラインや打刻痕を損なわないよう、それらによる視覚効果をより活かすために控えめにカットを添える、というイメージの装飾カットです。

レザーカービングの歴史とスタイル

　レザーカービングの発祥はアメリカと言われており（さらにその原型を遡るとメキシコ、中世のスペインのようですが）、元々ウェスタンサドル（アメリカ式乗馬の鞍）を装飾する目的で発祥したものですので、当初、レザーカービングの発展はウェスタンサドルの発展と共にありました。主に18世紀～19世紀にメキシコやスペインからアメリカに入ってきたサドルは、その後改良が加えられて進化し続け、後にウェスタンサドルとして完成されるわけですが、私の知る限り、品質と生産規模とを総合的に考えた時、サドル産業の全盛は1920年代～1940年代と言えると思います。当時の資料を見ると、レザーカービングのデザイン性や技術もこの時期に飛躍的に進化した印象を受け、1930年代終盤に、一つの完成の域を迎えたように思います。この時代はアメリカ西部各地に、会社組織や個人を問わずサドルメーカーが多数存在し、ベルトや財布等、カービングを施した革小物もこうしたサドルメーカーで製造、販売していました。ほとんどのサドルは無地や部分カービング、バスケットによる幾何学模様等でした

が、一部で生産されたフルカービングのサドルには、各メーカーが技術力や美的センスを誇示する手段として、感性と技術の粋を集約しました。そんな中で、ごく稀に飛び抜けて斬新かつ美しいカービングを施すサドルメーカーが現れると、市場の注目を集め、そのサドルメーカーの弟子だけでなく周囲の同業者も模倣を始めます。現在のように情報網が発達していませんので、その作風はしばらくの間その地域内だけで普及し、やがて地域全体が似たような作風になります。そしてその地域外の人達が、その地域の名前をつけて「○○スタイル」と呼ぶようになります。つまりカービングスタイルとは、自然と普及して認知された結果として生まれたものであり、後にスタイルの創始者、生みの親等と称される事になる人物本人は、純粋に「斬新で美しい、自分にとって精いっぱいのカービング」を心がけていただけと思われます。これがカービングスタイル誕生のプロセスです。

　カービングスタイルの代表格といえば、カリフォルニア州サンフランシスコのヴァイサリア・ストック・サドル・カンパニー（以下、ヴァイサリア馬具店）から発祥した「カリフォルニアスタイル」と、アリゾナ州フェニックスのN・ポーター・サドル・ハーネス・カンパニー（以下、ポーター馬具店）から発祥した「アリゾナスタイル」でしょう。余談ですが、特にカリフォルニアスタイルカービングは当時としては際立って緻密で豪華で、個人的には、後に誕生するシェリダンスタイルに大きな影響を与えたと思っています。これは、カリフォルニア州には貿易の拠点である港や映画の都ハリウッドがあり、また金鉱発掘のゴールドラッシュの名残等で富裕層が多く、非常に高価なサドルでも比較的売りやすかった土地柄のため、緻密で豪華なカービングが発達したと言われています。

　こうして誕生したカービングスタイルですが、そのスタイルを最初に手掛けた本人でさえ、常に洗練を心がけて作風は少しずつ変化し、作風を継承した弟子達も模倣した同業者達も、それぞれの個性や好みによって、デザインにも技法にも独自のアレンジが多少なりとも自然と加わります。それでも元祖、または初期の作風やイメージから大きくは外れていない以上、それらは全て、同じ○○スタイルと括る事ができる一方、「カービングスタイルにデザインや技法の明確な定

義やルールはない」という状態になるのです。この点を誤解している方が多いのですが、これはどのカービングスタイルに関しても共通する事です。もう一つ誤解されやすいのが、特徴的、あるいは斬新な作風のカービングであるものの、特にスタイル名が付いていない作風の方が、圧倒的に多いです。このため、目にするカービングにいちいち「これは何スタイル?」という疑問を持つ必要はありません。

一方、この時代の唐草のフラワーカービングは、スタイルに関係なく総称して、現在のアメリカでは「トラディショナルウェスタンフローラル」や「ヴィンテージウェスタンフローラル」と呼ばれています。これにシェリダンスタイルを加えたものが、現在の私達日本人がイメージする「アメリカンレザーカービング」と言えると思います。イメージですので「アメリカンレザーカービング」にもデザインや技法の明確な定義はありませんし、私の知見では和製英語だと思います。

少々難解な説明になってしまいましたが、近年、カービングスタイルに関して質問を受ける事が多いので、詳細に述べさせていただきました。余談ですが、地域の名前を冠して「○○スタイル」と呼ぶのは、カービングの作風だけでなく、サドルの仕様や形状の特徴に関しても使われる事があります。例えば、「このサドルはシェリダンスタイルだ」といった場合、カービングを指す場合と、サドルの仕様、形状を指す場合がある、という事です。今回のテーマに関係ありませんが、ウェスタンサドルに関する書籍をアメリカの原書で読む方がいらっしゃった場合、混乱する可能性があると思いましたので、念のため補足説明させていただきます。

ドン・キングの生い立ちと下積み時代

さて、こうした有名なカービングスタイルが誕生した1920年代から1940年代にかけてのウェスタンサドル黄金期は、当然カウボーイも多く、10代の頃からカウボーイの仕事に従事する少年もたくさんいました。(カウボーイの"ボーイ"という言葉の由来とも言われています。)そうした少年たちにとって、サドルメーカーやカーヴァーは憧れと尊敬の対象であり、カウボーイ仕事の合間を縫ってはサドル工房に出向き、職人に疎まれながらも何とか仕事ぶりを見学するのが彼らの楽しみの一つでした。その中の一人が、後にシェリダンスタイルカービングの祖と称され、伝説のサドルメーカーとなった、少年時代のドン・キングでした。

それではここから、カーヴァー、サドルメーカーになるべくして生まれてきたとしか思えない、ドン・キングの興味深い生い立ちを紹介させていただきます。

ドン・キングは1923年、ワイオミング州のダグラスで生まれます。5歳の時に両親が離婚し、様々な牧場を渡り歩く流れ者のカウボーイであった父に引き取られ、それ以降、夏はワイオミング州とモンタナ州、冬はカリフォルニア州とアリゾナ州の牧場を転々とするという少年時代を過ごします。主に牧場の納屋で父や他のカウボーイ達と寝泊まりし、学校には馬で通学する生活でした。幼少の頃からカウボーイの助手をし、7歳の時には調教と管理に責任を持つ自分の馬として5頭の馬を与えられ、12歳にして、カウボーイ仕事の中で最も難しい仕事に類する、蹄鉄の装蹄技術と、未調教の暴れ馬の乗り馴らしを身につけます。その後、14〜15歳で学校に行くのを辞め、一人前のカウボーイとして独立し、父から親離れして単独で、期間契約で様々な牧場を渡りながら給料を稼ぎ、自分の人生を歩み始めます。日本ではあまり知られていませんが、ドン・キングはカウボーイの腕前も、馬の調教師としての腕前も超一流というのはアメリカでは有名な話です。

レザーカービングに興味を持ったきっかけは、幼少期から少年期にかけてのカウボーイ生活の中で時々、観光牧場等で富裕層やパレード用の豪華なフルカービングのサドルをクリーニングする機会があった事でした。そして15歳の時、アリゾナ州フェニックスの観光牧場で働く機会があり、当時全米最大級のサドルメーカーの一つであった、ポーター馬具店に頻繁に通い詰めるようになります。ドン・キングは当時の様子を本のインタビューで、「でかい工房の一角に20人近いカーヴァーがいて、その作業にいつも魅了された。彼らは俺の姿を見る事にうんざりしていたと思うけど、片隅に座って何時間でもただただ眺めていた。当時のオールドタイマー(昔ながらの職人)は何も話してくれないし教え

シェリダンスタイルカービング

てくれなかった」と回顧しています。そんな中で、当時18歳で大学に通いながらポーター馬具店でアルバイトをしていた、後に著名なサドルメーカーとなるクリフ・ケチャムに出会います。彼は唯一、ドン・キングに親切で、いつかカービングができるようになりたいと夢を語るドン・キングに「そこのバケツから端革を拾って、釘から自分で工具を作って、色々試してごらん」とヒントをくれます。当時、工具メーカーは存在せず、工具は基本的に自分で作るか、または工具作りが得意なカーヴァー（同業者）に依頼して作ってもらうしかなかったのです。ヒントをもらったドン・キングは早速、ブリキ板の端切れと釘を材料にヤスリでスーベルナイフと刻印を作り、工具もやり方も、正しいのか間違っているのかも分からないまま、ただただ楽しくて寝るのも忘れてひたすらカービングしたといいます。これが、あのドン・キングのカービングの全てのスタートだそうです。

　試行錯誤を経て、ほどなくして（当時としては）売り物として通用するレベルのカービング技術を身につけ、カウボーイ仕事の傍ら、フェスティバルの会場等でベルトや札バサミを実演販売したり、カウボーイ仲間と、食料や衣類、道具等と物々交換したりして、彼のカーヴァーとしての名声が口コミで徐々に広がって行きました。

　この時代、大手サドルメーカーの正職人は自社工場内でサドルのみを製作し、ベルトや財布といった小物類の簡単なカービング作業はアルバイトあるいは下請けに外注するのが主流でした。その中核だったのが、ドン・キングのような10代のカーヴァーでした。メーカーにとっては工賃を安く抑えられ、少年達にとっては楽しみながら小遣い稼ぎができるいいアルバイトだったのです。また、この頃はカービングの革小物が作れば作っただけ売れる時代でもあったという運も重なり、技術力が評判になったドン・キングの元には、様々なサドルメーカーから常にカービングの下請け依頼が殺到するようになり、以降、カウボーイ仕事の合間は全てカービングに費やすという生活が始まります。メーカーからの発注なので、一度の仕事量が2ダースや3ダース単位で、こうした膨大な量をこなしながら、同時に発注元となる様々なメーカーのカービングスタイルを学ぶ結果にもなりました。

また前述の通り、この時代はカービングの工具は買うものでなく自分で作るものであったため、必要な刻印は自分で作り続け、結果として、若くして刻印の形状と打刻効果の関係を熟知するという事に結びつきました。16歳の時、毎晩コツコツと作り溜めたベルトを売ろうと思い、都市部に向かう長距離列車に乗った際、ベルトを盗品と思い込まれて警察に捕まったというエピソードが、彼のあどけなさとカービングのクオリティの高さのギャップを物語っています。また、エドワード・ボウリン社からの雇用のオファーを断ったという有名なエピソードも、この頃の話です。エドワード・ボウリン社はカリフォルニア州ハリウッドに工房兼店舗を構え、映画界やテレビ界の有名俳優や業界人を顧客とした、贅沢極まりない豪華なバックルやサドルを製造する大手メーカーです。西部劇が全盛だった当時、ボウリン社も栄華を誇っていました。ある馬具店でドン・キングが間借りをして、下請けのカービング仕事をする様子をたまたま目にしたボウリン社の社長、エドワード・ボウリン本人が、一目でドン・キングのカービングに惚れ込み、その場で雇用を申し出たそうです。ドン・キングは、雇用を拒んだ事を「カービングも好きだけど、やっぱり流れのカウボーイでいたかった。カリフォルニアには春までしかいないから、夏になったらまた北（ワイオミングやモンタナ）に行かなきゃならない。大きなチャンスを逃したのかも知れないけど、それは分からないよね」と振り返っています。

　さて、彼はその後1943年に20歳で兵役に就き、カリフォルニア州の沿岸警備隊として主に海岸の騎馬パトロールに従事しましたが、その兵役中でさえ、毎日の睡眠時間を2〜3時間に削って夜間にカービングをするという、兵隊とカーヴァーというダブルキャリア生活を1946年に退役するまでの3年間続けたといいます（この頃には、各メーカーの本社工場や他の下請け職人がカービングするための図案のデザインも依頼されていたそうです）。

　以上のように、15歳から23歳までの多感な時期、まるで現代の私たち日本人が学生時代の放課後に宿題、部活、受験勉強、研究やレポート作成に費やしたのと同じくらいの時間を、彼はカービングに費やしたと言えるでしょう。下積みという言葉がふさわしいとは思えませんが、結果的にはこれが

73

ドン・キングの下積み期間となり、彼の家庭環境、時代背景、地理的環境といった全ての条件が偶然にも合致したところに、本人の才能と努力が融合し、途方もない可能性を持つエリートカーヴァーが誕生しました。そして1946年、退役を機にシェリダンに定住し、その後のシェリダンスタイルカービングの誕生へとつながります。

ドン・キングの独立開業と、シェリダンスタイルカービングの誕生

　1946年当時、シェリダンは全米屈指のサドル産業が盛んな街の一つでした。既に完成されたカーヴァーであったものの、サドル製作に不安のあったドン・キングは、複数の大手サドルメーカーからの雇用のオファーを断り、当時のシェリダンで個人サドルメーカーとしては最高峰と言われたルディ・マドラの元で、サドル製作の修業に励みます。余談ですが、良いサドルと美しいカービングというのは全くの別物です。良いサドルの三大条件は、「馬の背中を痛めない事」、「乗り手にとって乗り心地がいい事」、「頑丈で耐久性に優れている事」です。そして美観としては、カービングに関係なくサドルの形状としてのバランスとラインが美しい事が先に来て、カービングが美しいかどうかは最後の付随的な条件になります（とはいえ、ほぼ例外なく、良いサドルを作る職人はカービングも美しいです）。サドルの師匠となったルディ・マドラの工房で、無給でカービング仕事をこなす代わりにサドル製作を教えてもらうという徒弟契約の1年間を経て、晴れてサドルメーカーとなります。たった1年でサドル作りを習得するという離れ業も、乗馬を知りつくしたドン・キングだからこそ成せたのだと言えるでしょう。そして1947年、車のガレージを改装して初めて自分の個人工房を構えます。

　1946年から1948年頃にかけてウェスタンサドル産業は、第二次世界大戦から帰還した兵士たちがサドルを新調するという特需に沸いた時期で、サドルメーカーとして独立するには最適な時期でした。ドン・キングだけでなく多くの個人サドルメーカーが乱立しましたが、どのメーカーも仕事には事欠かなかったそうです。ドン・キング自身も独立するなり

多忙を極め、この時に一番弟子として雇ったのが、シェリダンスタイルを語るにあたって欠く事のできないもう一人の人物、ウイリアム・ガードナー（通称:ビル・ガードナー）氏でした（彼に関しては改めて後述します）。開業した1947年に早速、地元のロデオ大会のトロフィーサドルを手掛けます。トロフィーサドルとはロデオや馬術競技の優勝者にトロフィーの代わりに贈呈される、フルカービングの最高に豪華なサドルで、この仕事のオファーを受けるのはサドルメーカーにとってのステータスでした。この1947年製のサドルの写真が現存しますが、カービングはよく見ればシェリダンスタイルの兆しが感じられるものの、まだカリフォルニアスタイルに近いと言えます。また、同時期に製作したサドルの写真を何枚か見た事がありますが、その時の気分によって、全く違う作風のカービングを彫り分けていたようです。この頃のシェリダンには、ドン・キング以外にも卓越した名カーヴァーが多く存在していました。お互いに刺激し合い、影響を与え合いながら、彼自身もオリジナルの作風を生み出すために試行錯誤していた時期なのかもしれません。この頃、特に懇意にして「何か斬新な作風を」と切磋琢磨し合い、ドン・キングに大きな影響を与えたのがロイド・デイヴィスです。僅かに年上であるものの基本的には同世代で、ドン・キングが流れ者のカウボーイ&カーヴァーをしていた頃に知り合って以来、意識し合っていた間柄で、繊細で優雅な作風が好みという点でも意気投合していたようです。後にドン・キング自身、「シェリダンスタイルの原型はロイドと一緒に創造した」と語っています。

　1940年代後半の特需が落ち着き、しばらく経った後の1957年、ドン・キングは全米規模のロデオ大会を主催する団体からの依頼でトロフィーサドルを製作します。そしてこのサドルに施されたカービングこそが、明らかに現在のシェリダンスタイルに通じる作風でした。このサドルが、後にシェリダンスタイルと呼ばれるようになるカービングを施した最初のサドルかどうかは定かでありませんが、ドン・キング自身、1950年代中頃が自分のカービングが大きく変化した年だったと語っています。この頃はまだ「シェリダンスタイル」という言葉はなかったようですが、実質的にこれが初期型シェリダンスタイルカービングの誕生と言えると思います。

シェリダンスタイルカービング

シェリダンマスター達の育成と、「シェリダンスタイル」という言葉の誕生

　上記の1957年製のトロフィーサドルをきっかけに、ドン・キングは全米のサドル界で注目を浴び、以後、彼は1970年代まで（断続的ではありますが）様々な団体や競技会にトロフィーサドルを提供し続ける事になります（1963年には"キングズ・サドラリー"として工房兼店舗を持ち、サドル以外のカウボーイ関連商品も扱い始めます）。そんな中、多忙を極めるトロフィーサドル製作で活躍したのが、ドン・キングの一番弟子、ビル・ガードナーでした。ドン・キングとビル・ガードナーとの出会いは、ドン・キングが流れ者のカウボーイをしていた少年時代（ドン17歳、ビル11歳）にまで遡ります。当時、馬の繁殖牧場でビル・ガードナーの父親の部下として働いていたドン・キングが、夜になると牧場の干し草小屋の片隅でカービングする、その様子を見学するのが、ビル・ガードナー少年の楽しみな日課でした。ドン・キングは、その数年前にポーター馬具店で自身がクリフ・ケチャムにそうしてもらったのと同じように、ビル・ガードナーに端革と釘を与えて、試行錯誤を経験させます。これが生涯に渡って続いた、2人の師弟関係の始まりでした。

　時は流れ、ドン・キングがトロフィーサドルの製作に追われる事になった頃、ビル・ガードナーはドン・キングのカービングを誰も見分けがつかないほどに完全コピーができる唯一のカーヴァーで、彼の存在があったからこそ多くのトロフィーサドルの製作をこなす事ができました。そのコピーぶりは、時間が経ったら本人達ですら、どっちが彫ったものか分からない（忘れてしまう）ほどであったと言われており、通常では考えられない非常に稀な例と言えます。また、ドン・キングもビル・ガードナーも後進の育成に積極的でした。ドン・キングは後進を懇切丁寧に指導する事はありませんでしたが、自身の工房で雇った弟子やアルバイトに、自分がカービングする様子を見せたり、刻印がどうあるべきかを学ばせるため、時には自分の刻印を見せるだけでなく使わせてあげたりと、情報の開示に非常に寛容だったと聞きます。現在とは違い、少年時代のドン・キングもそうであったように、当時は「作業と道具を見せてもらう」事が、「技術を教えてもらう」に等しい時代だったので、これがドン・キング流の指導だったのでしょう。ビル・ガードナーはドン・キングの片腕であり続けましたが、還暦近くまで自ブランドを持たないフリーランスのカーヴァー、サドルメーカーでしたので、キングズ・サドラリーと並行して、当時シェリダンで最大手の老舗サドルメーカー

1960年代、トロフィーサドル製作を手伝っていたビル・ガードナーにドン・キングが貸し与え、ビルが非常に気に入ったため、サドル製作が一通り済んだ後に手伝いのお礼としてドンがビルにプレゼントしたモウル。そして1980年代、ジム・ジャクソンがビル・ガードナーからこのストーリーと共にモウルを受け継ぎ、2012年に大塚氏がジムから受け継いだ。ジム・ジャクソンが「マスターがマスターから受け継ぐ」という想いを込め、「マスターモウル」と名付けたというドン・キング自作のこのモウルは、巨大なボルトか何かをベースとし、現在はナイロンであるヘッド部は牛の生皮を積層したものである

だったエルンスト・サドラリーでも働いた時期があり、職人頭を務めた時もありました。後から考えれば、幸運にもこのエルンスト・サドラリーの存在が、アルバイトや見習いをしていた多くの職人の卵が、ビル・ガードナーからカービングやサドル作りを学ぶ絶好の場となりました。もちろん彼は、キングズ・サドラリーでも若手を指導しましたが、彼の指導方法はより現在に近いものだったらしく、見せるだけでなく言葉による説明やアドバイスもあったようです。後に大成したシェリダンを代表するカーヴァー達のほとんどが、「ドン（キング）からも多くの事を学んだけど、どちらかと言うと詳しく指導を受けたのはビル（ガードナー）から」と口を揃えます。後々、名カーヴァーの一員となったドン・キングの息子達ですら、カービングの指導をしたのはビル・ガードナーだそうです。

こうしてドン・キングとビル・ガードナーも含め、この2人から何らかの形で指導や影響を受けた職人達が手掛けるシェリダン地域独特のカービングは、いつしかメディアやシェリダン地域外から"シェリダンスタイルカービング"と呼ばれるようになりました。「シェリダンスタイル」という言葉がいつから発生したのかは分かりませんが、1984年出版の「The Saddlemakers of Sheridan, Wyoming（ワイオミング州シェリダンのサドルメーカー達）」の中で、既にシェリダンスタイルという言葉が使われており、私の知る限り、この本がシェリダンの職人に焦点を当てた最初の本です。そしてこの本が出版された1980年代半ば以降、シェリダンスタイルは大きな進化、発展の時代に入ります。

シェリダンスタイルカービングの発展と、海外や一般クラフターからの認知

職人の腕だけでなく、カウボーイに関する完璧な知識と商才もあったドン・キングは、1963年にキングズ・サドラリーを開業以降、何度か引越しをしながら順調に業績を伸ばし、1980年代半ばには街のメインストリートに大きな店舗を構える総合馬具店にまで育てていました。この頃から、ドン・キングはキングズ・サドラリーのマネジメントを長男のビル・キングに徐々に譲ると同時に、自身は採算を度外視した特別に豪華なサドル、販売目的ではない展示用のサドルの製作に取り組み始めます。彼のカービングはより繊細で緻密に、基準円も極端に小さくなります。そして茎と蔓草を細くしてバックグラウンドを広くとる事により、フラワーとのコントラストを強調し、フラワーをハイライトとしてより際立たせる、という視覚効果を意識しました。また、それまでは1つの柄に1種類か、せいぜい2種類のフラワーしか採用していませんでしたが、この頃から様々な違ったデザインのフラワーを1つの柄の中に入れるようになりました。これが、彼の後期のシェリダンスタイルと言われています。この時期の彼のサドルは、結果的に「芸術品としてのウェスタンサドル」という、新たな概念を世に生み出しました。ところで、ドン・キングの展示用サドルには、カービング以外にも他のサドルメーカーと違う大きな特徴があります。それは、多くの場合展示用の豪華なサドルはカービングだけでなく、エングレービング（彫刻）を施したスターリングシルバーのプレートによる装飾が多用されるのですが、彼のサドルは一貫してシルバープレートを採用していません。これは、「レザーカービングの豪華さはエングレービングシルバープレートに引けをとらない」という、カービングへの想い入れと自身のカービングに対するプライドだそうです。この頃にドン・キングは、ワイオミング州議会からの依頼で、当時の大統領ドナルド・レーガン氏への贈呈用のベルトを製作します。また、1984年にはキングズ・サドラリーがアメリカを代表するウェスタンサドルの工房として、英国エリザベス女王の訪問を受けます。この時にドン・キングが贈呈した、15種類のフラワーを彫り込んだ超緻密なフルカービングのウェイストバスケット（強いて言えばゴミ箱）は、彼の最高傑作の一つと言われています。そして、もう一つの最高傑作と言われているのが1987年に製作したサドルで、このサドルにはエリザベス女王のウェイストバスケットにそっくりなカービングが施されており、販売するつもりなく展示用に製作したものでしたが、翌年にキングズ・サドラリーを訪れたサウジアラビアの皇太子殿下に一目惚れされ、購入されました。

時をほぼ同じくして、ドン・キング以外のシェリダンカーヴァー達もそれぞれのアレンジを加えて独自色を強めて行き、シェリダンスタイルカービングのバリエーションが顕著に

シェリダンスタイルカービング

なりました。私がシェリダンに初めて訪れたのは1993年ですが、この頃にはドン・キングとビル・ガードナーが育てた後進たちでさえマスターの域に達しており、それ以降、各カーヴァーのスタイルに大きな変化は見られません。全てのシェリダンマスター達が、各々のカービングスタイルの完成を迎えたと言えるのだと思います。また、シェリダンマスターは皆、カービングだけでなくサドルのスキルも異常に高く、仮にカービングなしであっても非の打ちどころのないサドルを作ります。こうして、1980年代半ば以降のあまりに豪華で、完成度の高いシェリダン製サドルは、それまではサドルと言えばカウボーイに限定されていた客層を、芸術品収集家、美術館、芸能界、政財界、海外の王室等にまで一気に広げ、サドルビジネスの新しい可能性を創造しました。そして1994年5月、レザークラフト雑誌の出版社が主催する全米最大級のレザークラフトの見本市、「ロッキーマウンテン・レザートレードショウ」の第一回目がシェリダンで開催され、それまでホビークラフターや海外ではあまり知られていなかったドン・キングの名とシェリダンの名は、アメリカ国内のみならず世界中のクラフターに一気に認知され、その知名度は確固たるものになります（以降、このトレードショウは現在に至るまで毎年5月にシェリダンで開催されています）。この頃には、ドン・キングはカービングをほとんどせず、数ヵ月に1度、場合によっては数年に1度、気が向いた時だけカービングをしたり、完全無比のサドルを作ったり、という生活をしていました。代わりにサドルやカービングの工具作りに興味が向き、これを半ば趣味として楽しんでいました。トレードショウの主催者と来場者からの要望で、カービングの工具、特に刻印を作り溜め、年に1度だけトレードショウ会場で販売しました。彼の製作する刻印はどれも品質が高く、しかも価格が安いのに加え、当時はシェリダンスタイル用の刻印を入手するのが非常に困難な時代だったので、彼のブースの前には明け方から長蛇の列ができたものです。彼が毎年大量の刻印を製作し安価で販売したのは、刻印製作が趣味であっただけでなく、後進を育成する使命感、後輩クラフターへの思い遣りだったと言われています。このロッキーマウンテン・トレードショウがきっかけとなり、1990年代の半ば、日本人として最初にドン・キングとパイプを持ったのが、島根県のレフティーズ・レザークラフトの見国隆二氏です。当時、彼が仕入れたドン・キング製の刻印とスーベルナイフが、日本国内で流通した最初のシェリダンスタイル用の工具です。そして彼に加え、本誌に登場する岡田明子さんや私自身によって日本にシェリダンスタイルの情報が徐々に持ち込まれまし

1950年代、ドン・キングが息子のために製作したと言われているボーイズサイズのベルト。大塚氏曰く、「ドン・キングがシェリダンスタイルを確立する前の作風だと思われる」という、非常に貴重な作品である

た。そして、その後の日本での普及については、同じく本誌に登場するクラフト学園の小屋敷先生及びクラフト社の尽力による所も大きく、シェリダンスタイル用の刻印や工具等も、かつてとは比べ物にならないほど普及するようになりました。

時代が生んだ寵児と奇跡の街

　ここで突然、1940年代のサドル産業に話を戻しますが、前述の1940年代後半の特需が皮肉にもウェスタンサドル産業が栄えた終末期となり、1950年頃から衰退の一途を辿ります。特需が終わっただけでなく、牧畜技術の進歩、交通網の発達で牛追いの旅が不要になり、カウボーイが減った上に、自動車の普及により一般人の移動の道具としてのサドルの需要が激減しました。また機械技術の発達で、工房でなく工場で量産される安価なサドルも台頭してきたのです。さらに、ちょうどこの頃にプロカーヴァーにも追い打ちをかけるように、カービングの工具、知識、技術を一般人向けに販売する大手レザークラフト材料メーカー（現在のタンディ・レザーファクトリーの起源となるクラフトツール・カンパニー）が現れ、多くのカーヴァー達が純粋にカーヴァーとして生計を立てられた時代が終わりを迎えます（プロ・カーヴァーにとっては非情な事ですが、今日の私達がこうしてレザークラフトに取り組めるのは、元々はこの材料メーカーのお陰です）。こうして1950年代〜1960年代、アメリカ西部の州都や大きな街には必ずと言っていいほど存在していた大手サドルメーカーのほとんどが相次いで廃業に追い込まれました。規模を縮小し、品質を下げて量産サドルに方針転換したほんの一部の大手と、特別に腕の良い個人のサドルメーカーだけは生き残りましたが、西部の各地に点在する結果となりました。しかしそんな中で、片田舎にもかかわらずシェリダンだけは昔ながらの伝統的な製法でサドルを作る名サドルメーカーが数多く存在する、サドルタウンであり続けました。大手だったエルンスト・サドラリーも1970年代半ばまで生き残りました。シェリダン以外にこのような街は、アメリカのどこにもありません。シェリダンだけが全米唯一なのです。これは、時代が生んだレザーカービングとサドルの寵

児、ドン・キングが定住の場としてシェリダンを選んだというだけでなく、そのシェリダン内で彼が多くを学ばせてもらった先人達も、切磋琢磨し競い合った同期の仲間やライバルも、育成した後進たちも、全てが秀逸な職人であった事、ビル・ガードナーの存在、若手育成の場にもなったエルンスト・サドラリーの存在等、様々な要因が合致した結果なのだと思います。サドル産業が衰退して半世紀以上が経ってなお、サドルタウンとして異彩を放つシェリダンを、私は奇跡の街だと思うのです。私達がこうしてシェリダンスタイルに取り組めるのは、この奇跡の街と、そこで活躍する職人たちがあったお陰だと言えるでしょう。ここに、シェリダンスタイルカービングを育て、シェリダンをシェリダンたらしめた黄金世代のマスターサドルメーカーとマスターカーヴァーを、敬意と感謝を以って紹介させていただきます（全て通称）。

「ドン・キング」、「ビル・ガードナー」、「ドン・バトラー」、「クリント・フェイ」、「ジョン・キング」（以上、故人）。
「チェスター・ヘイプ」、「ジム・ジャクソン」、「ビル・キング」、「ブルース・キング」。

　これらマスター達の半数は、残念ながらここ10年の間に相次いで他界し、2017年現在、現役でカービングを続けているのはジム・ジャクソンのみですが、彼らは皆、ドン・キングを尊敬するだけでなく、強い感謝の念を持っていました。「俺がドン（キング）にしてもらった事への恩はとても言い表せない」という言葉を何度も聞きました。一人一人が達人レベルの集団が、ドン・キングへの尊敬と感謝という強固な絆で結ばれている様は、本当に美しいものでした。

シェリダンマスター達の功績、次世代への継承

　こうして尊敬と感謝を一身に集めるドン・キングでしたが、彼自身も何歳になっても「今の自分があるのは先人達のお陰」と常々言っていたそうです。そして「自分の技術、創作活動は先人が築いた土台の上に成り立っている。先人か

シェリダンスタイルカービング

ら授かったものを自分なりに進化させ、次世代に繋いでいかなければならない。それが職人のあるべき姿」というのも彼の言葉で、彼が育てた直属の後進達は、その精神までも受け継いでいたように見えます。また多くの人が「彼らは皆、どんなクラフターに対しても、たとえ入門者に対しても真摯に接し、必ず激励した」と言います。私事ですが、これを象徴するエピソードを紹介させていただきます。

私が23歳当時、クラフト歴半年で初めてシェリダンを訪問した際に、当時47歳だったドン・バトラーに会う機会がありました。14歳からカービングを始めたと話す彼に「日本人が23歳から始めても…」と私が言うと、彼は「何か作品を持ってないのか？ 見せなさい」と言います。恐る恐るゴミクズのようなカービングを見せると「半年でこれなら充分じゃないか。今は昔と違って環境が充実しているから、君が俺の歳になる時にはきっと俺より大成してるさ」と言ってくれました。現在も交流が続いているジム・ジャクソンとの初対面も同じ日で、当時キングズ・サドラリー専属で働き始めたばかりだった彼は、突然やってきた正体の分からない日本人を、本来部外者が立ち入る事のできない、工房の中まで案内してくれ、最後に「またシェリダンに来る機会があったら、必ず寄って、君の成長ぶりを見せてね。楽しみに待ってるよ」と言ってくれました。鈍感だった私は、「アメリカの職人ってすごい。カリスマになっても、こんなぺーぺーにお世辞を言ってくれんだ」としか思わなかったのですが、今から振り返れば、海外から来たレザークラフト入門者にエールを送ってくれていたのだと思います。この種の話は、私だけでなく岡田明子さんももちろんの事、アメリカ人、外国人問わず、シェリダンを訪れた事のある多くのクラフターが経験しています。

現在、シェリダンスタイルカービングが世界中にここまでの広がりを見せたのは、シェリダンスタイルの魅力と、1990年代以降のIT技術の進歩によるところも大きいですが、やはり根本はドン・キングを始めとするシェリダンマスター達が、後進のクラフター達を激励し、育てる事、自分たちが築いたものを後世に遺す事に情熱を注いだからなのだと思います。言いかえると、非常に魅力的な作風を確立し、シェリダンを奇跡の街にした事は言わずと知れた彼らの功績ですが、自分達が育てたスタイルを、こうして見事なまでに広めた、伝えたというのも、普段は意識される事のない、彼らのもう一つの大きな功績ではないでしょうか。

2004年にシェリダンで撮影された1枚の写真。本誌で技術を披露頂いた小屋敷氏、大塚氏、岡田氏に囲まれた中心の人物は、ドン・キングと共にシェリダンスタイルカービングの発展に寄与したシェリダンマスター、ビル・ガードナー

現在のシェリダン

　前述の通り、ドン・キングやビル・ガードナーから直接学んだ世代で現役を続けているのは、ジム・ジャクソンのみです。彼はドン・キングに特に寵愛されたカーヴァーで、また若くして父親を亡くしたために、彼もドン・キングを父親のように慕っていました。1990年代以降、キングズ・サドラリーの看板カーヴァーであり続けましたが、2016年にキングズ・サドラリーを退職し、現在はシェリダン近郊に位置するブリントン・ミュージアム（博物館＆美術館）で、学芸員を務めながらカービングを披露しています。ドン・キングと同世代の中で唯一ご存命のチェスター・ヘイプは、現役を引退し、自宅で病気療養しながら余生を過ごしています。またキングズ・サドラリーも健在で、ドン・キングの息子であるビル＆ブルース兄弟によって運営されていますが、彼らは現在カービングやサドル製作はほとんどしていないようです。店舗の裏に建つキング・ファミリーの個人博物館「キングズ・ミュージアム」は、西部開拓時代の初期型サドルからサドル産業が全盛だった時代までの膨大なヴィンテージサドルや、その当時の工具コレクションが豊富で、カウボーイクラフトに関するコレクションは全米No.1と言われています。もちろんドン・キングのフルカービングのサドルも見られます。次世代の職人としては、チェスター・ヘイプの息子のウェイン・ヘイプがヘイプ・サドラリーを受け継ぎました。また、ドン・キングの孫であるバリー・キングは日本でも知られる通り、工具、刻印メーカーとして活躍しています。

　以上がシェリダンの現状で、ほんの10年前まで、名サドルメーカーがひしめく唯一の「現在進行形のサドルタウン」であり続けたシェリダンは、非常に残念な事ですが、もしかしたら今後数年のうちに「かつてのサドルタウン」に仲間入りしてしまうのかも知れません。機会のある方はぜひ、ドン・キングの愛弟子であるジム・ジャクソンが現役として健在なうちにシェリダンを訪問し、シェリダン黄金期のマスター達の息吹を感じていただきたいと思います。できる事なら、シェリダンがいつまでもサドルタウンであり続けると同時に、過去に活躍したマスター達の伝説が色褪せる事無く、永遠に語り継がれて行かれれば、と願ってやみません。

　非常に長くなりましたが、以上が、私が読者の皆さんにシェリダンスタイルカービングに関してお伝えできる事かと思います。このような背景を知った上で、また新鮮な気持ちでシェリダンスタイルへの取り組みを楽しんでいただければ幸いですし、そのために、誰もが認める日本のトップカーヴァーであり私の最大の恩師でもある小屋敷先生、世界中にクラフター仲間を持ち、日本のシェリダンスタイル愛好者の中心人物である岡田明子さん、私自身の3人が技法を披露する本書が、皆さんのお役に立つ事を願っております。

前頁の写真と同じく、2004年に撮影された写真。大塚氏と小屋敷氏に挟まれた人物こそが、往年のドン・キングである

カーヴァー必見の 書籍・資料

シェリダンスタイルカービングの探求・研究にあたり、大塚氏がこれまでに収集した書籍や資料の一部を紹介しよう。インターネットを駆使すれば入手も不可能ではないので、より深くシェリダンスタイルを知りたい方はぜひ探してみてほしい。

King Of The Western Saddle　The Sheridan Saddle and the Art of Don King

総頁数：72　／　発行年：1998年　／　著者：Timothy H. Evans　／　発行元：University Press of Mississippi　／　ISBN：0-87805-809-5

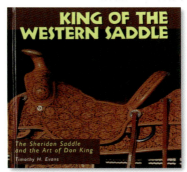

ワイオミング州の民俗学者である著者が、シェリダンという土地の歴史や、ドン・キング及びシェリダンスタイルのサドルについて言及すると共に、当地で制作された様々なサドルの写真を多数掲載している。中には、ドン・キングがサウジアラビアの皇太子に販売したサドルの写真も含まれる。ドン・キングが手掛けた作品のディティールを、年代を追って確認できる貴重な資料の一つである

The Saddlemakers of Sheridan, Wyoming

総頁数：92　／　発行年：1984年　／　著者：Ann Gorzalka　／　発行元：G-String Press　／　ISBN：0-87108-634-4

シェリダンの著名な新旧サドルメーカー及びサドルの紹介がメインとなる書籍だが、そのメーカーに深く関わる人物に焦点をあてて記事を展開する点が他の書籍と異なる。その人物も過去、現在（1984年当時）、そして「若き継承者」と、「将来有望な人物」を紹介している点が特徴的。その若き継承者の中には、ドン・キングの子息ジョン・キングやブルース・キング、そしてチェスター・ヘイプの子息ウェイン・ヘイプ等が含まれる

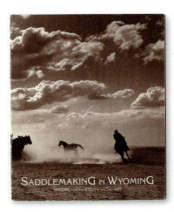

Saddlemaking In Wyoming

総頁数：72　／　発行年：1993年
編著：Sharon Kahin 他
発行元：University of Wyoming Art Museum
ISBN：0-9630869-1-X

様々なサドルスタイルと、年代ごとに存在したサドルメーカーやサドルを多数掲載。後半パートはドン・キングを筆頭に、日本でも有名なビル・ガードナー、チェスター・ヘイプ等が登場

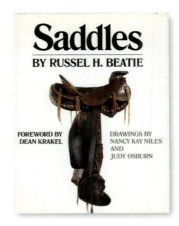

Saddles

総頁数：392　／　発行年：1981年
編著：Russel H. Beatie
発行元：University of Oklahoma Press
ISBN：0-8061-1584-X

サドルの歴史や進化の過程、構造の解説、さらには乗馬のメカニズムまでにも言及した、アメリカンサドルの辞典的書籍。様々な情報をより深く追求したいというマニア向けの一冊

シェリダンスタイルカービング

KING'S SADDLERY KING'S ROPES

発行年：1996年8月（推定）

1996年8月付の価格表が挟まれた、キングズサドラリーのカタログ。中には多数の製品の他、ドン・キングを含むファミリー4人の写真とプロフィールが掲載された頁もある

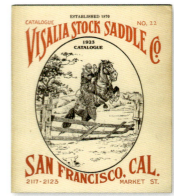

VISALIA STOCK SADDLE CO.

原本発行年：1923年

「カリフォルニアスタイル」の始祖である、1870年に創業したヴァイサリア馬具店のカタログ。「ヴァイサリアに乗らなければ、本物のカウボーイではない」と謳われた程の銘店

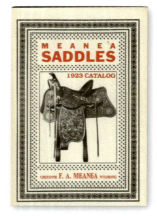

F. A. MEANEA SADDLERY

原本発行年：1923年

叔父が経営していたワイオミング州シャイアンのサドル店を引き継ぎ、フランク・A・ミーナが1880年前後に創業したサドル店のカタログ。ミーナが生み出した「シャイアンスタイル」サドルは、非常に高く評価された

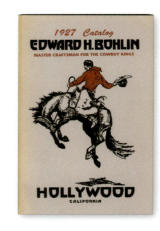

EDWARD H. BOHLIN, INC

原本発行年：1927年

15歳の時にスウェーデンから入植したE・H・ボウリンが、牧場関係の職を転々とした後に開業した馬具店のカタログ。華やかなシルバー装飾を配した芸術的なサドルが特徴で、ハリウッドスター御用達であった

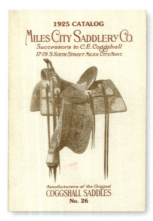

MILES CITY SADDLERY CO.

原本発行年：1925年

モンタナ州マイルズシティにあったサドラリーのカタログ。1879年にC・E・コグシャルが創業したサドラリーが売却され、1909年より同名で新たにスタートしたが、前社の評判が良かったため、カタログには旧社名が残されている

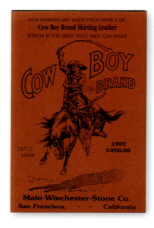

Main-Winchester-Stone Co.

原本発行年：1905年

カリフォルニア州サンフランシスコにあったサドラリーのカタログ。同店は、カリフォルニア州で金鉱が発見され、大量の人が押し寄せたゴールドラッシュ真っ只中の1849年、その需要を見込んで開業した

Professional Work I
小屋敷スタイル

長年の研究と経験により、多彩な技術や表現方法を培ったクラフト学園主任講師である小屋敷氏。ここでは、前項の「基礎」を一歩踏み出した、「小屋敷スタイル」とも呼べる作品の制作工程を解説する。

デザイン／制作＝小屋敷清一（クラフト学園）

完成見本

シェリダンスタイルをベースに、アメリカンカービングの様々な要素を採り入れつつ、これを独自に確立した制作技術で表現した作品。ウォレットに仕立てる前提の図案であり、そのストラップの狭い領域も、細かく繊細に表現する。

Professional Work I

トレース用図案

※ストラップのトレース用図案は、本項最後のp.113に掲載しています

完成した作品を活用できるよう、205mm（タテ）×190mm（ヨコ）のウォレット表革に収まるサイズで起こした原寸図案。図案をカットした革（現物）のスキャン画像なので、フェザーアウトさせる方向を確認してトレースすることができる。

使用する刻印

本作品の制作には以下の、前項の「シェリダンスタイルカービングの基礎」でも使用したクラフト社のSK刻印をメインに使用し、一部、通常刻印も使用する。フラワーセンターは例外的にあえて用いず、別の工具を用いて花芯を表現する。

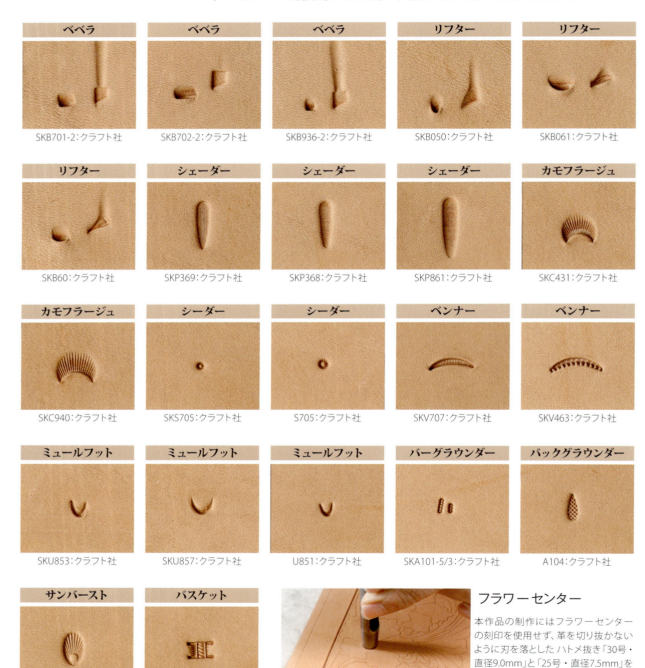

フラワーセンター

本作品の制作にはフラワーセンターの刻印を使用せず、革を切り抜かないように刃を落とした ハトメ抜き「30号・直径9.0mm」と「25号・直径7.5mm」を使用する。これらを用意できない場合は、適合するサイズのフラワーセンターを使用すればよい

Professional Work I

STEP.1
トレース／カット

前項の「基礎」に準じ、図案を革の表面へトレースした後に、スーベルナイフでカットする。

使用する工具／資材

- 図案（原寸コピー）
- トレスフィルム
- シャープペンシル／鉛筆
- 定規
- ウエイト
- スポンジ／ボウル
- 鉄筆
- ネジ捻
- 革（ツーリングレザー／2.5mm厚）

※完成後の作品をウォレットに仕立てる場合、「本体」を220×220mm、「ストラップ」を170×60mmに粗裁ちする

01 革の内部へ適切に水を含ませた後、その上へ図案をトレースしたトレスフィルムを重ねる。ウォレットに仕立てる場合、各フィルムを粗裁ちした革の中心に配置し、「本体」は先にボーダーの直線をトレースする

02 続けて、ボーダーのコーナー及び曲線部をトレースし、フラワー等の主要なモチーフから順にトレースする

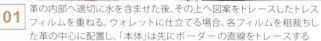

CHECK

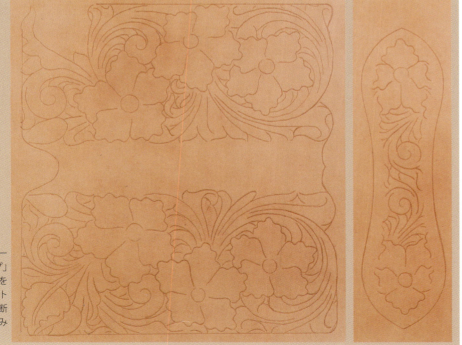

革の表面に図案をトレースした状態。「ストラップ」は、内側の図案の周りを囲うボーダーラインをトレースせず、外側の裁断線とその内側の図案のみをトレースする

STEP.1 トレース／カット

03 本体のカットは「基礎」と同様、革の内部へ適切に水を含ませた後、ボーダーの直線からカットを始める

04 続けて、コーナーを含むボーダーの曲線をカットする

ボーダーを兼ねるサークルの曲線は、図案の内部へ僅かに入り込んだ所でカットを止める

05

全てのボーダーをカットしたら、フラワーの中心に刃を落としたハトメ抜きを打ち、革の表面にカットと同程度の打刻による切り込みを入れて花芯を表す

06

CHECK

ボーダーのカットと、刃を落としたハトメ抜きによる花芯のカットを終えた状態。本体左上のコーナー、ボーダーの一部を兼ねるリーフは、図案をカットする際にカットする。図案のボーダーをトレースしていない「ストラップ」は、トレースした外側の裁断線のみをカットする。ハトメ抜きを打った花芯は、ハトメ抜きが無い場合はスーベルナイフでカットしてもよいが、小さい真円をナイフで正確にカットするのは難しいため、サイズの合ったフラワーセンターの刻印で表現してもよい

Professional Work I

07 「本体」の図案は「基礎」と同様、花弁、リーフ、つぼみ、スクロール、蔓草の順に各モチーフをカットする

08 「ストラップ」の、カットした外側の裁断線にネジ捻の片刃を合わせ、もう一方の刃が図案の端に合うように、ネジ捻の幅を調整する(この図案の場合は6mm)

09 「ストラップ」のカットした外側の裁断線を辿り、図案の側面に裁断線と平行に並ぶボーダーのケガキ線を引く。この時、各剣先側の花弁側面にはケガキ線を引かず、その手前両脇の花弁の間でケガキ線をつなぐ

10 09で引いたケガキ線をカットし、続けて内側の図案をカットする

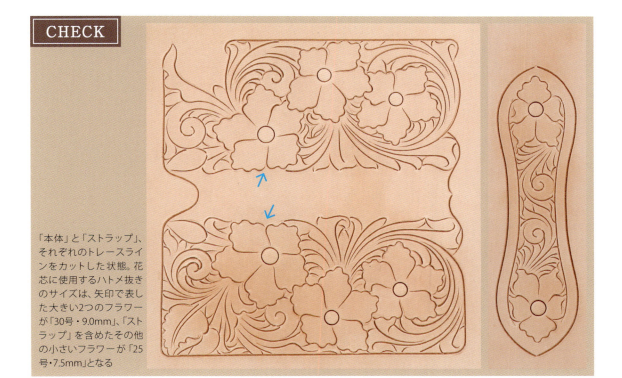

CHECK

「本体」と「ストラップ」、それぞれのトレースラインをカットした状態。花芯に使用するハトメ抜きのサイズは、矢印で表した大きい2つのフラワーが「30号・9.0mm」、「ストラップ」を含めたその他の小さいフラワーが「25号・7.5mm」となる

STEP.2
刻印／カット

前項「基礎」の解説を軸に置き、「本体」の刻印とデコレーションカットの工程を解説していく。

使用する工具／資材		
・のびどめシート	・刻印（リフター）	・刻印（ミュールフット）
・打ち台／打ち具	・刻印（シェーダー）	・刻印（サンバースト）
・スポンジ／ボウル	・刻印（カモフラージュ）	・刻印（バスケット）
・ネジ捻	・刻印（バックグラウンダー）	・スーベルナイフ
・鉄筆（または丸ギリ）	・刻印（シーダー）	
・刻印（ベベラ）	・刻印（ベンナー）	

1. ベベラ／リフター

01 床面にのびどめシートを貼り、スポンジで革の内部へ適度に水を含ませた後、ボーダーの内側にベベラを打つ。アール（R＝曲率）のきつい四角のコーナーへ先に幅狭の「ベベラ（SKB701-2）」を打ち、続けて各側面の曲線際と直線際を順に幅広の「ベベラSKB702-2）」を打って沈め、傾斜を付ける

ボーダーの内側にベベラを打った状態。矢印で表したコーナーのリーフは、後にその外側へベベラを打つため、この段階ではそのまま残しておく

02 ネジ捻の幅をボーダーの幅（ここでは2〜2.5mm幅）にセットし、01で付けた傾斜に沿って端から薄くケガキ線を引く

03 本体左上のコーナー、ベベラを打っていないリーフ際からケガキ線を引き始め、側面の凹カーブ部も傾斜に沿って正確にケガキ線を引く

Professional Work I

04 ボーダー内側の傾斜を辿り、本体左上コーナーの反対端までケガキ線を引く。**03**で表した凹カーブ部の反対側面、波打つような細かい凹凸カーブ部は、ケガキ線を交差させないように注意して辿る

ボーダーの外側面へ薄いケガキ線を引き終えたら、再び同じラインをネジ捻で辿り、より深く明確なケガキ線とする。ラインを外すおそれがあるため、最初から力を入れて深いケガキ線を引かず、2度に分けて確実に、正確なケガキ線を引いている

05

POINT

04で表した細かい凹凸カーブ部。手前で一旦手を止め、その先で再開する

CHECK

ボーダーの外側に深いケガキ線を引いた状態。カットで表していないため、外側にベベラを打つことなく、帯状のボーダーを表すことができる

STEP.2 刻印／カット

花弁とリーフの外側面、スカラップの細かい凹凸の凹部に先細の「リフター(SKB050)」を打ってリフトアップさせる

06

蔓草、スクロール、茎の側面及びターンバック部等、アールの緩い凹部際に幅広の「リフター(SKB60/SKB061)」を打っていく

07

CHECK

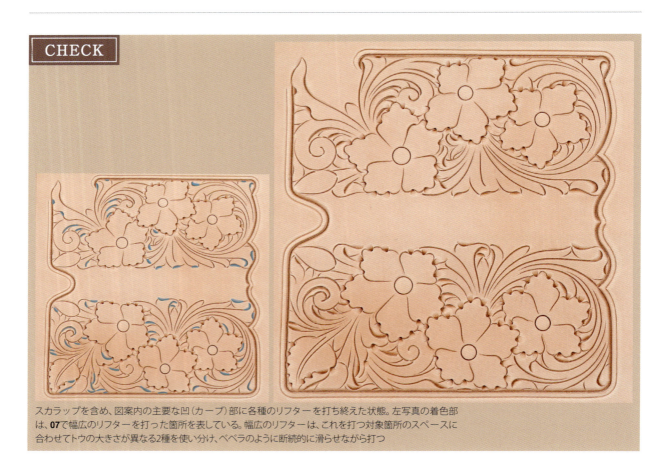

スカラップを含め、図案内の主要な凹（カーブ）部に各種のリフターを打ち終えた状態。左写真の着色部は、**07**で幅広のリフターを打った箇所を表している。幅広のリフターは、これを打つ対象箇所のスペースに合わせてトウの大きさが異なる2種を使い分け、ベベラのように断続的に滑らせながら打つ

Professional Work I

全ての花芯の全側面に幅狭の「ベベラ(SKB936-2)」を断続的に滑らせながら打ち、周りを深く沈めることで花芯を浮き立たせる

08

花弁とリーフの外側面、06でリフターを打ったスカラップ際に、幅狭の「ベベラ(SKB936-2)」を打つ

09

10 スクロールの内側や茎、蔓草の側面等、アールのきつい細かな凹凸部際にも幅狭の「ベベラ(SKB936-2)」を打つ

CHECK

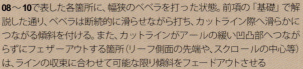

08～10で表した各箇所に、幅狭のベベラを打った状態。前項の「基礎」で解説した通り、ベベラは断続的に滑らせながら打ち、カットライン際へ滑らかにつながる傾斜を付ける。また、カットラインがアールの緩い凹凸部へつながらずにフェザーアウトする箇所（リーフ側面の先端や、スクロールの中心等）は、ラインの収束に合わせて可能な限り傾斜をフェードアウトさせる

STEP.2 刻印／カット

花弁の内側面や茎、蔓草の側面等、残るアールの緩やかなカットライン際に幅広の「ベベラ（SKB701-2/SKB702-2）」を打つ。08〜10のベベラと同様、刻印を断続的に滑らせながら打ち、カットラインのフェザーアウトに合わせ、打刻痕の傾斜も徐々にフェードアウトさせる

11

CHECK

Professional Work I

全てのカットライン際にベベラを打った状態。左頁の4点のクローズアップと、上の全体写真をよく観察し、各刻印の入り方（打刻痕）やその効果、また先に打ったリフターの効果等を確認してほしい

STEP.2 刻印／カット

2. シェーダー①

「シェーダー・タテ（SKP369）」を使い、花芯の全側面、リーフ中心の葉脈の両側面、フラワーの付け根のがく、つぼみの付け根の茎、茎や蔓草が大きく広がって分岐する付け根に陰影を付ける。陰影の付け方は「基礎」と同様、陰影を濃く表すカットライン際へ刻印を傾け、陰影が広がる方向へフェードアウトさせる

CHECK

左写真の着色部は、花芯の周りやリーフの側面等、ひと目で付けた陰影が分かる箇所を除く、シェーダー・タテで陰影を付けた箇所を表し、右写真はその陰影を付けた全体像を表す。左写真の着色部と右写真の該当箇所を照合し、どの様な陰影を付けているのかを確認してほしい

Professional Work I

3. カモフラージュ

CHECK

「カモフラージュ（SKC431/SKC940）」を用い、花芯の周りに付けた陰影の上へ、花弁の端に向かって放射状に広がる（フェードアウトする）テクスチャーを付ける。ハトメ抜き・25号の花芯のフラワーに「SKC431」、ハトメ抜き・30号の花芯のフラワーに「SKC940」を用いる

カモフラージュでテクスチャーを付けた状態。「基礎」の解説と同様、刻印のコーナー側を浮かせ、段の無い滑らかなテクスチャーを付ける

4. バックグラウンダー（花芯の表現）

CHECK

花芯の側面のエッジに、「バックグラウンダー（A104）」を斜めにあてて打ち、花芯の表面にテクスチャーを付ける

刻印の広い打刻面をエッジへ斜めにあて、徐々に角度を変えながら花芯の中心へ向けてエッジを押し込むように打つことで、「エッジを均す」、「花芯をふっくらとドーム状に膨らませる」、「中心へ向けてフェードアウトするテクスチャーを付ける」という、3つの表現を同時にしている。後に周囲へシーダーを打つことにより完成するこの花芯の表現方法は、小屋敷氏が「ただフラワーセンターを打つだけじゃつまらない。人と同じ表現になってしまう」と考えて考案した、オリジナルの表現方法である

97

STEP.2 刻印／カット

5. シェーダー②

| 01 | 各フラワーの花弁内側のスカラップに、「シェーダー・ヨコ（SKP861/SKP368）」で陰影を付ける。刻印の打ち方は「基礎」と同様。スペースに合わせて2種の刻印とトウ・ヒールを使い分ける |

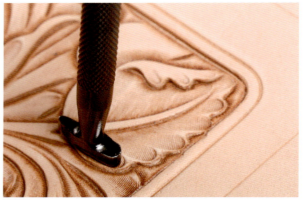

| 02 | リーフ内側のスカラップに、01と同じ刻印で同様に陰影を付ける |

| 03 | 続けて、サークルや茎から派生する蔓草の先端に、01と同じ刻印で陰影を付ける。蔓草の先端の形状に合わせ、刻印のトウとヒールを適宜使い分けて効果的な陰影を付ける |

| 04 | ターンバックしたリーフや蔓草の表面とその裏側に、01と同じ刻印で陰影を付ける。表面は、その面積に合わせて刻印を打つ向きと角度を変え、リアリティのある立体感を表現する |

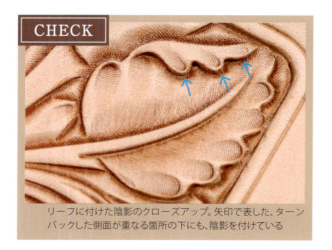

CHECK
リーフに付けた陰影のクローズアップ。矢印で表した、ターンバックした側面が重なる箇所の下にも、陰影を付けている

CHECK
04で陰影を付けた蔓草と、03で陰影を付けた蔓草の先端。各陰影は、該当箇所のスペースに合わせて適切にフェードアウトさせる

Professional Work I

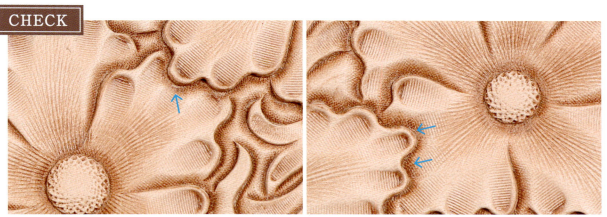

01で付ける花弁内側のスカラップの陰影は、隣り合うフラワーの花弁が上に重なる下の花弁にも、その側面の
スカラップから延びてきたイメージで、写真内の矢印の先が表すような陰影を付ける

左写真の着色部は、花弁のスカラップやリーフのスカラップ等、ひと目で付けた陰影が分かる箇所を除く、
シェーダー・ヨコで陰影を付けた箇所を表し、右写真はその陰影を付けた全体像を表す。先のシェーダー・
タテの変化と同様、該当箇所を照合してどの様な陰影を付けているのかを確認してほしい

STEP.2 刻印／カット

6. カモフラージュ

図案の各部に配されたスクロールの側面へ、「カモフラージュ(SKC431)」を斜めに打ってテクスチャーを並べる。このテクスチャーは、「基礎」の項で「ベンナー」を用いて付けたテクスチャーに準ずる表現方法となる

01

刻印をコーナー側に傾けて打刻面を斜めにあて、スクロールの側面から表面の半分程へフェードアウトするテクスチャーを付ける。傾けたコーナー側を意識して僅かに強めに打ち、テクスチャーに強弱を付けると共に、スクロールにふっくらとした起伏を与える
※写真の刻印は、その厚みが視界を遮らないように打刻面の裏側を削り落としてあるが、未加工でも同じ表現ができる

02

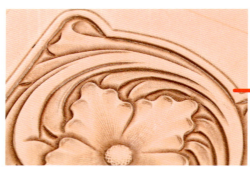

サークルを構成する茎や、そこから派生する長めの蔓草やリーフの両側面に、**02**と同じ刻印でテクスチャーを付ける

03

02の工程と同様、刻印を傾けて打刻面を斜めにあて、対象の側面から表面の1/3程へフェードアウトするテクスチャーを付ける。この時、対象が収束する付け根の反対側から打ち始め、付け根へ向けて徐々にその間隔を狭めつつ、力を弱めてフェードアウトさせる

04

Professional Work I

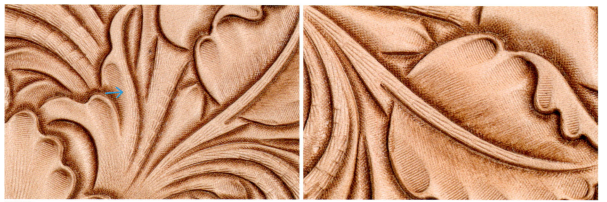

05 左写真が表す、つぼみにつながる茎の側面（両側面）や、矢印で表したアカンサスリーフの側面にも、**02**と同じ刻印でテクスチャーを付ける。また、右写真が表すリーフ中心の葉脈と、これにつながる細い茎の表面全面に、**02**と同じ刻印を垂直気味にあてて薄っすらとしたテクスチャーを並べる

CHECK

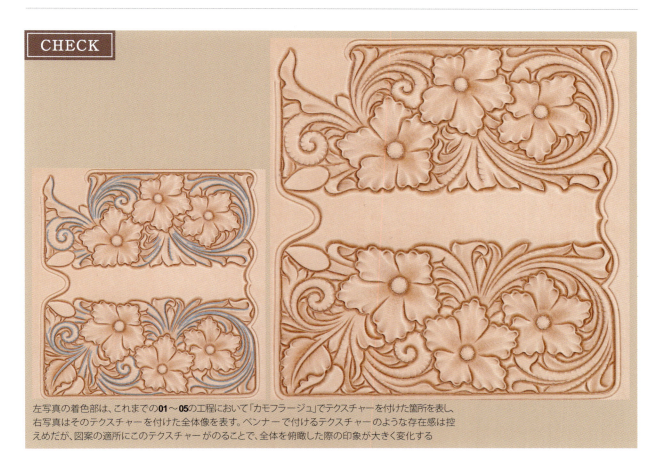

左写真の着色部は、これまでの**01**〜**05**の工程において「カモフラージュ」でテクスチャーを付けた箇所を表し、右写真はそのテクスチャーを付けた全体像を表す。ベンナーで付けるテクスチャーのような存在感は控えめだが、図案の適所にこのテクスチャーがのることで、全体を俯瞰した際の印象が大きく変化する

STEP.2 刻印／カット

7. シーダー／ベンナー（ストップ）

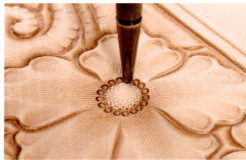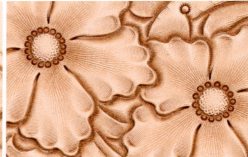

テクスチャーを付けた花芯の周りに「シーダー（SKS705）」を打ち、粒状の打刻痕を並べる。大きい花芯の周りは間隔を空け気味、小さい花芯の周りには間隔を詰め気味に打つ（間隔の調整方法は、下段「CHECK」の解説を参照）

01

隣り合う花弁の付け根と、下記「CHECK」の写真内に矢印で表した、リーフや蔓草の分岐点の境界に「基礎」と同様、「ベンナー（SKV707）」をストップとして打つ

02

フラワーのがくと茎の接続部にあたるターンバック部及び、つぼみの付け根、茎とつぼみの境界の中心に大粒の「シーダー（S705）」を打つ

03

CHECK

01〜03で表した各刻印を打った状態（※赤い矢印で表した茎とがくの接続部にも、03のシーダーを打つ）。花芯の周りに並べるシーダーの粒の間隔は、最初から詰めて打つと最後の1打を打つ際の間隔調整が難しくなる。このため、最初の1打に続く2打目を僅かに間隔を空けて打ち、半分程までは同じ間隔を保ちつつ打ち進め、打ち終わりに近付いた所で残りのスペースにあと何打収まるかを想定し、最後の1打がピッタリと収まるように間隔を微調整しながら残りを打ち進める

8. ベンナー／ミールフット

01 「ベンナー(SKV463)」を用い、リーフの表面に中心の葉脈から派生する葉脈を表すテクスチャーを付ける。この刻印の打ち方は全て、「基礎」の解説に準ずる

02 アカンサスリーフの中心、シェーダーで付けた陰影の上に、**01**と同じベンナーでテクスチャーを付ける。この工程も「基礎」と同様

03 つぼみの表面に、適度な間隔を空けて「ベンナー(SKV463)」を軽く垂直に打ち、右写真の様にテクスチャーを並べる。表面に並べたテクスチャーに合わせ、その両側面へ同じ刻印のコーナーを斜めに、若干強めに打ってアクセントを付ける

04 フラワーの付け根にあるがくの上に、「ベンナー(SKV463)」でテクスチャーを並べる。刻印の打ち方は「基礎」に準ずる

05 左頁の工程**02**で打ったベンナー(花弁の付け根を除く)と、**03**で打ったシーダーの各打刻痕を始点に、波紋の様に広がってフェードアウトするテクスチャーを「ミールフット(SKU853/U851)」で付ける

STEP.2 刻印／カット

前頁の工程で、各モチーフにベンナーとミュールフットでテクスチャーを付けた状態。写真内の青い矢印は、ミュールフットでテクスチャーを付けた箇所を表している（※赤い矢印で表した茎とがくの接続部にもシーダーを打ち、そこから派生するテクスチャーをミュールフットで付ける）

9. バックグラウンダー

バックグラウンドを「バーグラウンダー(SKA101-7/5/3)」で表す。革に含ませた水が引いた、乾き気味のタイミングで刻印を打つ。5粒の刻印をメインに使用し、スペースに合わせて刻印を使い分け、バーグラウンダーの粒で背景を隙間なく埋める

CHECK

バーグラウンダーを打ち終えた作品の全体像。刻印を打つバックグラウンドのスペースと、バックグラウンドを潰すことによって浮き立つ各モチーフを、この写真で確認してほしい

STEP.2 刻印／カット

10. サンバースト

茎や蔓草が大きく広がって分岐する箇所の中心、僅かに頭が出たつぼみに「サンバースト(N363)」を打つ

CHECK

サンバーストを打つつぼみは、矢印で表した3ヵ所となる

11. バスケット

図案の中心の空白スペースに、バスケットを打つ際の基準線をケガく。スペースの中心に定規をあて、鉄筆や丸ギリでごく薄い線をケガく

01

刻印の片側面の両角を、ボーダーの端と基準線へ写真の様に角度を付けて合わせる。刻印を軽く押し込み、最初の1打のアタリを付ける

02

02で付けたアタリに合わせ、1打目に続く2打目の位置を決め、刻印を強く打ち込む(※工程を分かりやすく解説するため、写真では1打目も強く打って痕を表している)

03

03で2打目を打ち終えたら、02で付けたアタリの上へ刻印を合わせ、あらためて1打目を力強く打ち込む

04

Professional Work I

基準線に従い、**03** で打った2打目に続く打刻痕を順繰りに並べていく

05

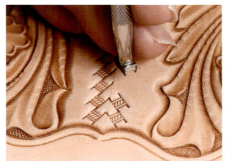

基準線の反対側は、写真の様に角度を変えて刻印を打つ。打ち方は、**02〜03**と同様

06

05と同様、基準線の反対側にも打刻痕を並べていく

07

POINT

連ねた打刻痕の終着点であるボーダー際は、そのスペースに合わせて刻印を傾け、ボーダーへ掛からないように刻印を打ち込む

先に並べた打刻痕の脇に、隣り合う打刻痕を並べていく。刻印の打ち方は、p.19を参照

08

刻印を正確に揃え、順繰りに打刻痕を並べていく

09

基準線の反対側に並べた打刻痕の脇にも、もう1列打刻痕を並べる

10

107

STEP.2 刻印／カット

11 後から打った2列目の脇、スペースが広く空いている箇所へ刻印を斜めに打つ

12 バスケットの打刻痕とベベラで付けた傾斜の境界に、「バックグラウンダー（A104）」でテクスチャーを付ける

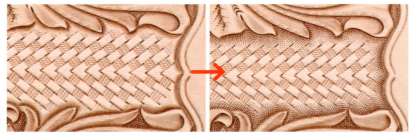

13 12の刻印は、図案とバスケットの境界に残るスペース＝革の表面（素地）をぼかすように打つ

12. 補正

CHECK

デコレーションカットへ移る前に作品を見直し、全体のバランスや刻印の打ち漏らしが無いかを確認。必要に応じ、適宜補正の手を加える。ここでは、p.102とp.104の「CHECK」で表した茎とがくの接続部にシーダーとミュールフットを打ち、全体のバランスをより良くするため、右写真の矢印の位置にミュールフットによるテクスチャーを追加している

矢印の先、茎や蔓草が分岐する箇所に、付け根に向けてフェードアウトするテクスチャーを追加している

Professional Work I

13. デコレーションカット

図案上の各モチーフへ、全体のバランスを見ながらデコレーションカットを施す。カットの入れ方やカットを入れる箇所は「基礎」に準ずる

CHECK

デコレーションカットを終えた状態。この写真でカットを入れた箇所やカットの入れ方を確認し、これを参照して効果的にデコレーションカットを入れてほしい。刻印とカットによる作品の表現は、以上で終了となる。染色の方法は、前項の「基礎」や以降の「Professional Work II / III」を参照

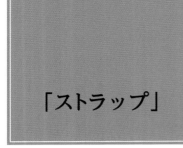
「ストラップ」

ストラップの刻印とカットの手順は、これまでに解説した「本体」に準ずる。各工程の途中経過を以下に掲載するので、これを参考に工程を進めてほしい。ただし、本体よりも図案が小さく細かいため、刻印の使い方に注意する必要がある。

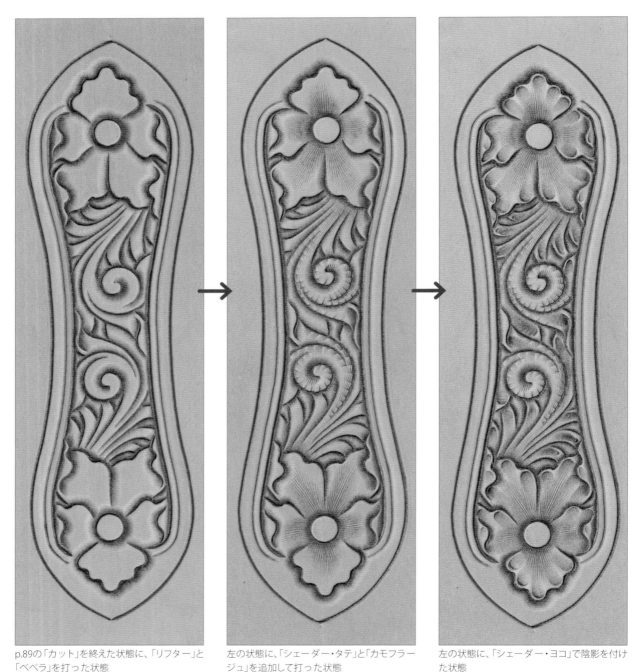

p.89の「カット」を終えた状態に、「リフター」と「ベベラ」を打った状態

左の状態に、「シェーダー・タテ」と「カモフラージュ」を追加して打った状態

左の状態に、「シェーダー・ヨコ」で陰影を付けた状態

Professional Work I

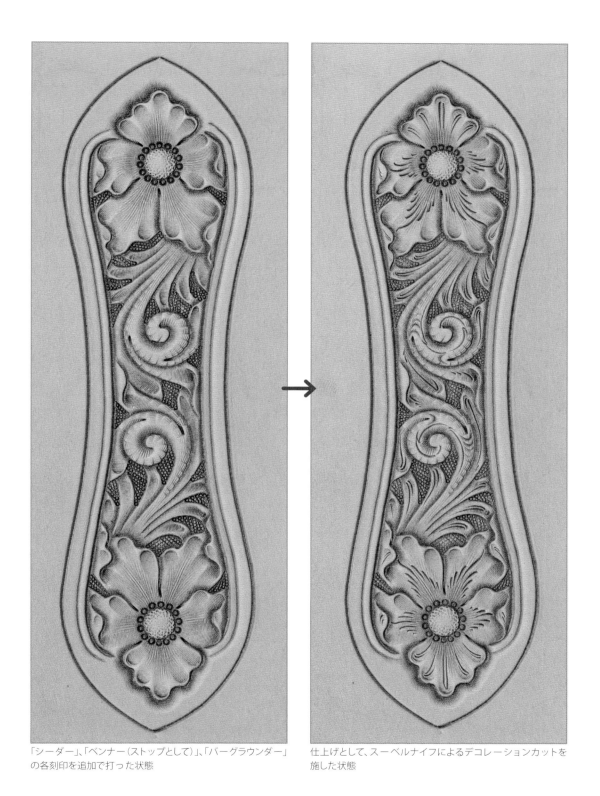

「シーダー」、「ベンナー(ストップとして)」、「バーグラウンダー」の各刻印を追加で打った状態

仕上げとして、スーベルナイフによるデコレーションカットを施した状態

111

完成作品

刻印とデコレーションカットによる表現を終えた作品に、染色を施した完成作品。右頁の右写真は、本項冒頭に掲載した「本体」のトレース用図案と同じく、図案をカットした革（現物）をスキャンした「ストラップ」の原寸トレース用図案となる。

Professional Work I

トレース用図案（100%）

小屋敷清一 Collection

クラフト学園の主任講師として若きカーヴァー・クラフターの育成に尽力する一方、レザーカービングの可能性を探求し、独自のスタイルを模索して作品制作を手掛ける小屋敷氏。そんな同氏がこれまでに手掛けてきた作品の一部を、ここに紹介しよう。

「ショルダーバッグ」
SIZE W32.5 × H24.5 × D9cm

「ラウンドファスナーウォレット」
SIZE W10 × H19.5 × D1.9cm

小屋敷清一 Collection

「ペンケース」 SIZE W20 × H7.8 × D0.8cm

「メガネケース」 SIZE W15 × H8 × D3.8cm

小屋敷清一 Collection

「マウスパッド」
SIZE W20 × H23.5cm

「トレー」
SIZE W14.8 × H21.2cm

数多の実力派カーヴァー・クラフターを育てる、日本レザークラフト界の重鎮

Seiichi Koyashiki

クラフト学園 主任講師
小屋敷清一氏

「シェリダンスタイルカービングの基礎」と「Professional Work Ⅰ」の解説を担当頂いた、クラフト学園の主任講師を務める小屋敷氏。同氏は、クラフト学園在学中に単身渡米したタカ・ファインレザー・ジャパン代表の大塚氏が、現地から持ち帰った作品の写真や情報等をきっかけにシェリダンスタイルを知り、その魅力を日本のクラフターに伝えるべく、その普及発展に尽力する。現在の様にインターネットも広く普及しておらず、情報はおろか刻印すらも無い中、半ば手探りに近い状態で研究を始め、クラフト社主催のツアー等で現地から情報や刻印を収集し、その技術を高めていった。そして、これを日本で普及させるには普及品としての刻印が必要であると考え、クラフト社の中でステンレス刻印やSK刻印の開発に携わり、またその技術指導にもあたるという、現在の恵まれた環境の下地を作り上げた人物である。

小屋敷氏が使用するスーベルナイフ。左はクラフト社の「プロ用スーベルナイフ」で、ボディに滑り止め加工が施される。右はバリーキング製の「SSスーベルカッター」

小屋敷氏が使用するモウルは、クラフト社の「KSラウンドモウル」のSとM。Sはハンドルの形状を加工してあり、どちらも手に馴染むように革を巻き付けてある

クラフト学園
東京都杉並区荻窪5-16-21
Tel. 03-3393-5599
URL http://www.craft-gakuen.net/

Professional Work II
大塚スタイル

本場アメリカのサドラリーで修行を積み、豊富な知識と確固たる技術に基いて作品制作を手掛ける、日本におけるシェリダンスタイルカービング第一人者、大塚孝幸氏の作品制作技術を解説する。

デザイン／制作＝大塚孝幸（Taka Fine Leather JAPAN）

完成見本

「誰もが入手可能な刻印を用いて制作できる、オーソドックスな作品」というテーマに基づき、大塚氏に図案を起こし制作して頂いた作品。以降の解説を参照して実際に手を動かせば、シェリダンスタイルの深淵に触れることができるだろう。

トレース用図案

前項と同様、205mm（タテ）×190mm（ヨコ）のウォレット表革に収まる原寸のトレース用図案。大塚氏が鉄筆によるトレースラインを整えつつカットした現物なので、紙面に図案を起こした際に想定した完成形に最も近い図案である。

使用する刻印

> 大塚氏は通常、自身の作品を手掛ける際は図案に合わせ、多種多様な刻印を使い分けている。しかし今回の作品では、誰にでも入手しやすく、また高価であっても使用頻度が高く、結果的に長く使い続けられる刻印を選択し、使用して頂いた。

ベベラ	ベベラ	ベベラ	リフター	リフター
SKB701-2：クラフト社	SKB702-2：クラフト社	SKB936-2：クラフト社	SKB050：クラフト社	61220-01：協進エル

リフター	フラワーセンター	サムプリント・ヨコ	サムプリント・ヨコ	サムプリント・タテ
BK20-04：協進エル	61261-02：協進エル	TH-1：クラフト社	TH-2：クラフト社	TV-1：クラフト社

カモフラージュ	リーフライナー	ベンナー	ベンナー	シーダー
BK55-02：協進エル	LF-1：クラフト社	VS-1：クラフト社	VL-2：クラフト社	SKS705：クラフト社

ミュールフット	ミュールフット	バスケット	ボーダー	マットスタンプ
BK81-01：協進エル	BK81-02：協進エル	BK83-99：協進エル	BK76-01：協進エル	F898：クラフト社

バックグラウンダー
A98：クラフト社

バックグラウンダー「Barry King：Bargrounder #23」

図案全体のバックグラウンドは、シェリダンスタイルの様式に則ってバーグラウンダーを使用。本作品においては、大塚氏は粒の細かいバリーキングの#23を用いているが、入手しやすい#27や#30を用いてもよい。左の「A98」は、バスケットと図案の間の僅かなスペースを埋めるために使用する

Professional Work II

STEP.1
トレース／カット

トレスフィルムの図案を革にトレースし、スーベルナイフを用いてトレースラインをカットする。

使用する工具／資材

- ・トレスフィルム
- ・プロカーブ（カービング補助剤）
- ・スポンジ
- ・ウエイト（複数個）
- ・丸ギリ
- ・鉄筆
- ・ディバイダー
- ・打ち台／打ち具
- ・刻印（フラワーセンター）
- ・スーベルナイフ
- ・替刃（ダブルライン／極薄刃）
- ・ツーリングレザー（2mm厚）

POINT
大塚氏は図案をトレスフィルムに直接描き込んで起こし、革へ大まかにトレースした後、カットで最終的な図案を整える

POINT
保革と防カビ効果を得るため、大塚氏はトレース時や刻印時に革へ含ませる水に、「プロカーブ」を水15〜20に対し1の割合で混ぜる

01 スポンジに水を含ませ、革の表面を擦って内部に水を含ませる。この時、革のコバや床面から余計な水が浸透しないよう、下にタオルを敷く

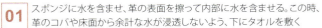

02 表面の水気が引くごとに、床面の状態を確認して水の入り具合を確かめる

CHECK
床面全体に薄っすらと水が滲む（写真の程度）まで、スポンジで繰り返し水を擦り込む

左の「CHECK」の状態まで水を含ませ、革の表面の水気が引いたらトレースに移る

03

125

STEP.1 トレース／カット

トレスフィルムのズレを防ぐため、大塚氏はウエイトを複数個併用する

04 水を含ませた革の上にトレスフィルムを重ね、外枠（＝ウォレット表革の外枠）上下左右の中心に丸ギリで印を付ける

05 各フラワーを囲うサークルの中心に、鉄筆で軽く点を打つ。この点は花芯の中心ではなく、あくまでもサークルの中心に打つ

06 ボーダーラインを鉄筆でトレースする。トレースする箇所に合わせてウエイトを動かしても、もう1つが必ずフィルムを押さえているため、フィルムがズレない

07 ボーダーのトレースを終えたら、フラワー、リーフ、茎、スクロール等の主要なモチーフを順にトレースする

08 続けて、各部へ派生する蔓草を残らずトレースする

09 図案のトレースを終えたら、**05**で打った点を中心にディバイダーを合わせ、開く幅をサークルの半径に調整する（この図案の場合、半径は30mm前後）

Professional Work II

POINT

トレスフィルムを外し、09で開く幅を調整したディバイダーを用いて、05で打った点を中心とする円を薄くケガく。このケガキ線は、次の工程でサークルを構成する茎や蔓草をカットする際、流れの方向を見る目安とする

CHECK

革の表面に図案をトレースした状態。トレスフィルムへ直に描き込んだ図案をトレースするため、「紙」→「トレスフィルム」→「革」という2段階のトレースよりも1段階少なく、その分トレース時に発生しうる微細な誤差を抑えることができる
※本誌の図案は、一旦トレスフィルムに写して使用するためにこの限りではないが、自分で図案を起こせる方は、この方法を試してほしい

カットを始める前に、花芯の位置に「フラワーセンター(61261-02)」をごく軽く打つ(伸び止めをしていないため、必ず軽く打つ。また、05で打った点を中心に打つのではなく、あくまでもフラワーの中心に打つ)。この刻印は、花弁や茎をカットする際の基準とすることでフラワーの収まり(バランス)を良好にし、フラワーの下に収まる蔓草をカットする際にも、基準とすることでラインを収束しやすくなる

10

STEP.1 トレース／カット

> **POINT**
> トレースラインをカットする際は必ず、作品と同じ革へ適度に水を含ませ、カットに適切な水の入り具合及び、使用するスーベルナイフのコンディションを確認して整える

「プロ・ダブルラインカッター」を用い、始めにボーダーをカットする。ボーダーラインの外側に2枚刃の内の1枚を出し、ボーダーラインを辿って等間隔に並ぶカットラインを入れる

11

ボーダーの外に図案がはみ出した箇所は、はみ出した図案の手前でカットを止め、これを避けた先からカットを再開する

12

> **CHECK**
> 写真の様な凹部は、ラインに沿ってカットを続けると外側のラインが交差するため、外側のラインが交差する手前でカットを止める

ボーダーのカットを終えたら、ナイフの刃を「極薄刃（1mm）」に替え、2本のカットラインを辿ってカットが浅い箇所を均一にカットする

13

Professional Work II

ボーダーライン のカットを終えたら、カット中に引いた（抜けた）水を足した上で図案のカットに移る

14

CHECK

大塚氏は図案のカット時、細かいカーブを含む花弁とリーフには、側面を丸く面取り加工した刃を使用する

図案中の各花弁（フラワー）と、リーフの側面を先行してカットする。花弁のカット時は図案のトレースラインを参照しつつ、**10**で打ったフラワーセンターを基準として各ラインを収束させる

15

CHECK

ボーダーと花弁、リーフの側面をカットした状態。ボーダー以外のモチーフは、ラインをフェードアウトさせる方向に注意してカットする。上段の「CHECK」で表した花弁とリーフカット用の面取り加工刃は、側面を丸くすることで抵抗を減らし、カーブをカットしやすくしているが、普通の刃でもカットはできる（※加工には知識と技術が必要とされ、慣れない人が加工をすると、使い物にならなくなる可能性があるので、試したい方があくまでも自己責任で）

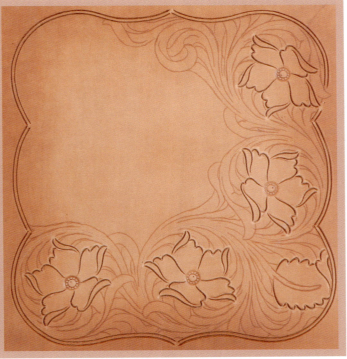

129

STEP.1 トレース／カット

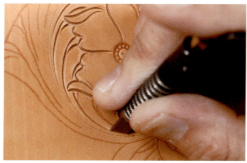

茎や蔓草のトレースラインを辿り、これを適宜修正しながらカットする。この時は、ディバイダーで薄くケガいた各円を基準にし、円のカーブにフェザーアウトさせるラインを沿わせる

16

最後に、図案がはみ出した箇所のボーダーをスマートにつなげてカットすれば、トレースとカットの工程は終了

17

CHECK

全てのカットを終えた状態。密接する各モチーフ（特に蔓草）のラインを、それぞれが流れる方向を整えながら正確にカットする必要がある

Professional Work II

STEP.2
刻印／カット

大塚氏独自の考えに基づいた刻印を打つ順序と、繊細なデコレーションカットのテクニックに注目。

使用する工具／資材
・のびどめシート　・刻印（ベベラ）　　　　・刻印（ミュールフット）
・プロカーブ（カービング補助剤）　・刻印（フラワーセンター）　・刻印（バスケット）
・打ち台／打ち具　・刻印（カモフラージュ）　・刻印（ボーダー）
・スポンジ　　　　・刻印（リーフライナー）　・刻印（マットスタンプ）
・刻印（リフター）　・刻印（ベンナー）　　　・刻印（バックグラウンダー）
・刻印（シェーダー）・刻印（シーダー）　　　・スーベルナイフ

1. リフター

床面にのびどめシートを貼り、革へ適度に水を含ませた後、茎と蔓草の長い（範囲が広い）凹ライン（カーブが凹んだライン）際に「リフター（BK20-04）」を打つ。刻印を断続的に滑らせながら打ち、フェザーアウトに合わせて傾斜をフェードアウトさせる

01

02 茎と蔓草の短い（範囲が狭い）凹ライン際には、01の刻印よりも幅狭の「リフター（61220-01）」を使用する

CHECK

茎と蔓草の凹ライン際のみにリフターを打ち、カットラインのフェザーアウトに合わせてフェードアウトする傾斜を付けた状態

131

STEP.2 刻印／カット

CHECK

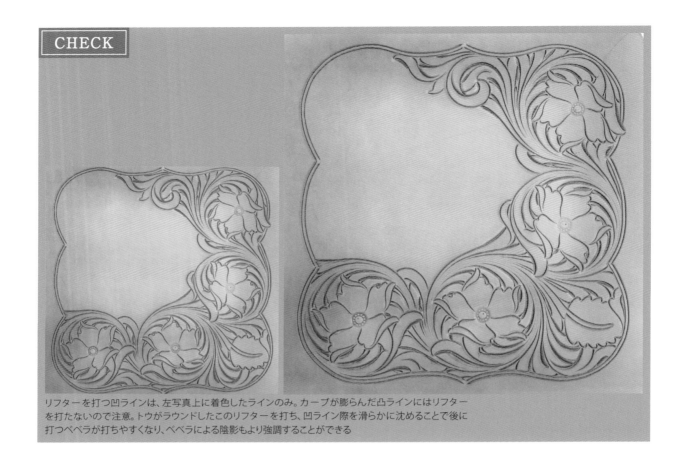

リフターを打つ凹ラインは、左写真上に着色したラインのみ。カーブが膨らんだ凸ラインにはリフターを打たないので注意。トウがラウンドしたこのリフターを打ち、凹ライン際を滑らかに沈めることで後に打つベベラが打ちやすくなり、ベベラによる陰影もより強調することができる

03 続けて、花弁とリーフの外側面、スカラップの凹部に先端が鋭利に尖った幅狭の「リフター（SKB050）」を打ち、カットライン際を深く沈めると共に表面をリフトアップさせる

Professional Work II

左頁の「CHECK」の状態に対し、花弁とリーフの外側面、スカラップの凹部にリフターを打った状態

2. シェーダー

01 「サムプリント・ヨコ(TH-1/TH-2)」を使用し、各蔓草の先端からその付け根に向けてフェードアウトする陰影を付ける。各刻印及びトウとヒールは、陰影を付ける対象の大きさに合わせて使い分ける

陰影付けの際にできる矢印で表したエッジを、次の02の手順で均す

02 左の「POINT」で表したエッジに対し、刻印を傾けて打刻面を垂直気味にあてて打ち、右写真の様に滑らかに均す

STEP.2 刻印／カット

03 刻印の打ち始めとなる蔓草の先端付近では、刻印を傾けてトウ（またはヒール）を深く沈めることで強い陰影を付け、付け根へ向かって徐々に刻印の傾きを戻し、打つ力加減も調整することで陰影をフェードアウトさせる

CHECK

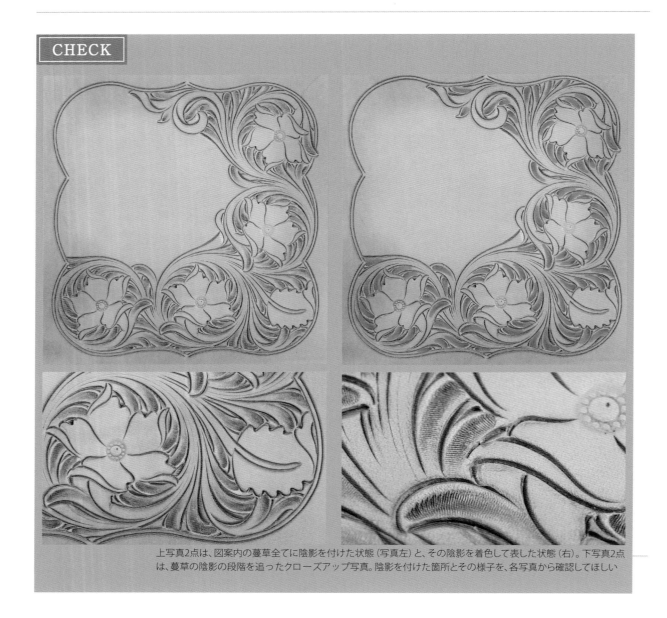

上写真2点は、図案内の蔓草全てに陰影を付けた状態（写真左）と、その陰影を着色して表した状態（右）。下写真2点は、蔓草の陰影の段階を追ったクローズアップ写真。陰影を付けた箇所とその様子を、各写真から確認してほしい

Professional Work II

続けて、「サムプリント・タテ（TV-1）」を使用して蔓草とスクロールのターンバック部に陰影を付ける。ターンバック部のライン際にトウを合わせ、トウ側に刻印を傾けて断続的に滑らせながら打ち、まずはライン際を深く沈めて強く陰影を付ける

04

刻印を付け根側へ断続的に滑らせながら打ち、04で付けた陰影を延ばしてフェードアウトさせる

05

04～05で付けた陰影。ターンバックするライン際を深く沈め、陰影を強めることで立体感を際立たせる

06

CHECK

左写真は、陰影を付けた蔓草とスクロールのターンバック部のクローズアップ。右写真の矢印は、陰影を付けたターンバック部全てを表すので、刻印を打つ箇所を確認してほしい

STEP.2 刻印／カット

花弁とリーフのスカラップ内側に、「サムプリント・ヨコ（TH-1/TH-2）」を打って陰影を付ける。打つ箇所の範囲に合わせて大小の刻印を使い分け、花弁は花芯へ向け、リーフは葉脈の付け根へ向けて軽くフェードアウトする陰影を付ける

07

CHECK

07で表した各部に陰影を付け終えた状態。フラワーの各花弁は、それぞれに側面がターンバックする箇所があるので、そのターンバック部とのバランスを取って陰影を付ける

3. ベベラ

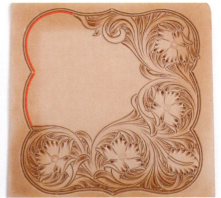

01 左写真内の着色した内側面を除き、ボーダーの両側面に「ベベラ（SKB701-2/SKB702-2）」を打って沈め、傾斜を付ける。各刻印は、これを打つライン際のアール（R＝曲率）に合わせて使い分ける

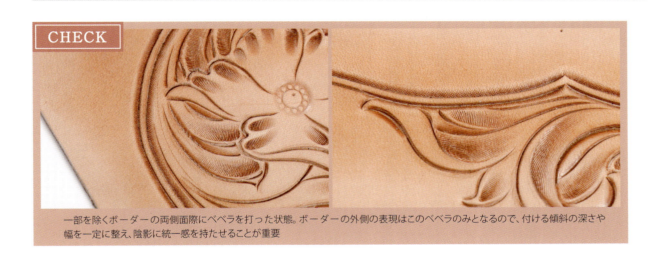

CHECK 一部を除くボーダーの両側面際にベベラを打った状態。ボーダーの外側の表現はこのベベラのみとなるので、付ける傾斜の深さや幅を一定に整え、陰影に統一感を持たせることが重要

02 各蔓草の側面、前工程でリフターを打った凹ラインと、それ以外の膨らんだ凸ラインの中から距離が短いラインを選択し、その側面に幅狭の「ベベラ（SKB701-2）」を打って沈め、傾斜を付ける

STEP.2 刻印／カット

CHECK

各蔓草の側面、リフターを打った凹ラインと短い凸ライン際全てへ傾斜を付けることにより、蔓草の輪郭が浮き出し、細かいバックグラウンドとの境界が明確になる

続けて、蔓草や茎、葉脈の側面等、サークルや大きなフローを構成する長い凸ライン際に幅広の「ベベラ(SKB702-2)」を打ち、傾斜を付ける

03

先にベベラを打った凹ラインと接続するラインは、凹ラインの傾斜につなげてベベラを打ち始める

04

凸ラインに沿ってベベラを断続的に滑らせながら打ち、ラインの終りとなる付け根のフェザーアウトに合わせ、傾斜をフェードアウトさせる

05

CHECK

03で表した、長い凸ライン際にベベラを打って傾斜を付けた状態。凹ラインと短い凸ライン際のみを沈めた左頁「CHECK」の状態に比べ、各モチーフやサークル全体の姿がより明確に現れている

CHECK

右写真は、**03〜05**の工程のベベラを全て打ち終えた状態で、左写真の着色部は、ベベラを打った長い凸ラインの場所を表している。モチーフが重なって分断されるラインは、つながりをイメージしてベベラを打つ

STEP.2 刻印／カット

細かい凹凸が列ぶスカラップを除く、花弁とリーフのアール（R＝曲率）が緩やかなラインの側面に「ベベラ（SKB701-2）」を打って傾斜を付ける

06

CHECK

06で表したベベラを打った状態。各カットラインのフェザーアウトに合わせ、ベベラによる傾斜もフェードアウトさせる

07 花弁とリーフのスカラップ及び、茎の付け根のターンバック部等、アール（R＝曲率）のきつい残りの凹凸ライン際に幅狭の「ベベラ（SKB936-2）」を打って沈め、傾斜を付ける

Professional Work II

CHECK

全てのカットライン際にベベラを打つことで、各モチーフの輪郭が明確になる。カービングでは通常、先にベベラを打って図案の輪郭を表すことが多いが、大塚氏はシェーダーを打った後にベベラを打つ。これは、「後から打つシェーダーでベベラの効果が弱まる(ベベラによる傾斜をシェーダーで崩してしまう)」、「シェーダーの後にベベラを打つことで、ベベラの効果を最大限に発揮させる」という2つの考えに基づいたもので、その効果は完成後の見事な作品に表れている。しかし、この手順による表現は、優先事項の違いや好みによるもので、前々項の「シェリダンスタイルカービングの基礎」で解説した「ベベラ→シェーダー」の手順には、「各モチーフの輪郭を先に明確にすることで、モチーフにシェーダーで付ける陰影をイメージしやすくなる」というメリットがあり、どちらが「正しい手順である」と言及はできない。最終的には、「完成した作品の出来」が全てであり、そこに至るプロセスは様々なので、色々な手順を試し、自分に適した表現方法を選択してほしい

STEP.2 刻印／カット

4. フラワーセンター

カット時に仮で打ったフラワーセンターの上へ、同じ「フラワーセンター(61261-02)」を打つ。刻印の打刻面を先に打った打刻痕にピッタリ合わせ（回して引っ掛かる状態）、力強く打ち込んで花芯を表す

5. シェーダー

花芯の全側面に「サムプリント・タテ(TV-1)」で、右写真の様なフェードアウトする陰影を付ける。この時は、刻印のヒールを花芯際に合わせ、花芯の周りの落ち込んだ影を確実に消す。そして、刻印の角度と打つ強さを徐々に変化させ、陰影の入り具合と面積を変化させる

6. カモフラージュ

前工程で花芯の周りに付けた陰影の上に、「カモフラージュ(BK55-02)」でテクスチャーを付ける。刻印のヒールを花弁の外に向け、コーナーの痕を付けないよう、刻印をヒール側に傾けて断続的に打つ。花芯近くの2～3打を強めに打ち、徐々に力を弱めてテクスチャーをフェードアウトさせる

7. 補正

シェーダーとカモフラージュを打つことで花弁の境目が曖昧になるため、再び「ベベラ（SKB701-2）」を打って境目を再生する。また「フラワーセンター（61261-02）」も打ち直し、打刻痕を明確にする

CHECK

仮で打ったフラワーセンターを打ち直し、花芯の周りに陰影とテクスチャーを付けた状態。4つのフラワーの基本構成は全て共通なので、全てのフラワーを同様にして表現する

STEP.2 刻印／カット

8. リーフライナー

01 「リーフライナー（LF-1）」を用い、リーフの中心の葉脈から放射状に広がる陰影を付ける。左写真の様にリーフライナーの片側面を葉脈の付け根に合わせ、葉脈の先端へ向けて断続的に滑らせながら打つ。この時は、刻印を若干葉脈側に傾け、葉脈際を深く沈める。葉脈の中心を過ぎた辺りでさらに刻印を傾け、葉脈の先端へ向けて陰影をフェードアウトさせる

02 残る葉脈の反対側へも、**01**と同じ要領で陰影を付ける。前々項の「シェリダンスタイルカービングの基礎」では、同じ葉脈の表現に「ペアシェーダー・タテ」を使用しているが、リーフライナーは刻印の側面をガイドとして葉脈に沿わせることができるため、放射状に広がるラインを一定に整えやすくなる

CHECK リーフライナーを打つ前（左写真）と打った後（右写真）の状態。葉脈に対する陰影の入り方や陰影の深さ、葉脈の先端に向けて変化する陰影の幅、陰影のラインの並び等を確認してほしい

9. ベンナー

01 フラワーの付け根にあるがくの上に、「ベンナー（VS-1）」でテクスチャーを付ける。刻印のコーナーを花弁際に合わせ、フェードアウトするテクスチャーをバランスよく並べる

02 リーフの表面に、中心の葉脈から派生する葉脈を表す。「ベンナー（VS-1）」のコーナーを中心の葉脈に合わせ、（中心の）葉脈を中心に、その両脇へ対称にテクスチャーを付ける

03 スクロールの外側面に、葉脈を表すテクスチャーを並べる。シェーダーで陰影を付けたターンバック部際より、「ベンナー（VS-1）」のコーナーをスクロールの外側面に傾けて打ち始める。間隔をほぼ等しく揃えながら、スクロールの先端までバランスよくテクスチャーを並べる

04 花弁とリーフ中心の葉脈の付け根、側面のラインの分岐点に「ベンナー（VL-2）」をストップとして打つ。他、蔓草が大きく二又に分かれる分岐点に、「ベンナー（VS-1）」をストップとして打つ

STEP.2 刻印／カット

CHECK

01でがくの上に付けたテクスチャーと、**04**で花弁の付け根と蔓草が大きく分かれる分岐点（写真内右下）に、ベンナーをストップとして打った状態。ストップとして打つベンナーは、分岐点の付け根に合わせるコーナー側へ傾けて打ち、深く沈む陰影を付けることでアクセントとする

02でリーフの表面に付けたテクスチャーと、**04**でリーフ中心の葉脈の付け根に、ベンナーをストップとして打った状態

03でスクロールの外側面に付けたテクスチャーと、**04**で蔓草が大きく分かれる分岐点に、ベンナーをストップとして打った状態

Professional Work II

CHECK

上写真は、p.143の「CHECK」の状態にリーフライナーによる陰影と、ベンナーによるテクスチャー並びにストップの効果を加えた状態。右写真の矢印は、04でベンナーをストップとして打った、蔓草が大きく二又に分かれる分岐点を表している。双方の様子を見比べ、新たに加えた刻印による効果を確かめてほしい

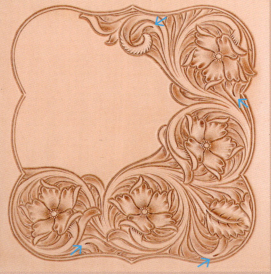

STEP.2 刻印／カット

10. シーダー

各フラワーに接続する茎とがくの付け根に、ワンポイントとして「シーダー(SKS705)」を打つ

11. ミュールフット

01 直前に打ったシーダーの打刻痕を始点に、茎の上へ「ミュールフット(BK81-01)」を打ってテクスチャーを並べる。1打打つごとに徐々に力を弱め、先細りになる茎に合わせてフェードアウトさせる

02 リーフ中心の葉脈の付け根に打ったストップの打刻痕と、蔓草が大きく分かれる分岐点に打ったストップの打刻痕を始点に、それぞれ茎と蔓草の上に同じミュールフットでテクスチャーを付ける

Professional Work II

03 図案全体のフローが分岐する要所、サークルを構成する茎や蔓草が大きく分かれる分岐点に、大きめの「ミュールフット(BK81-02)」でテクスチャーを並べる。右写真の様に上へ別のモチーフが重なる部分は、その下につながるテクスチャーを想定し、モチーフの先でフェードアウトするテクスチャーをつなげる

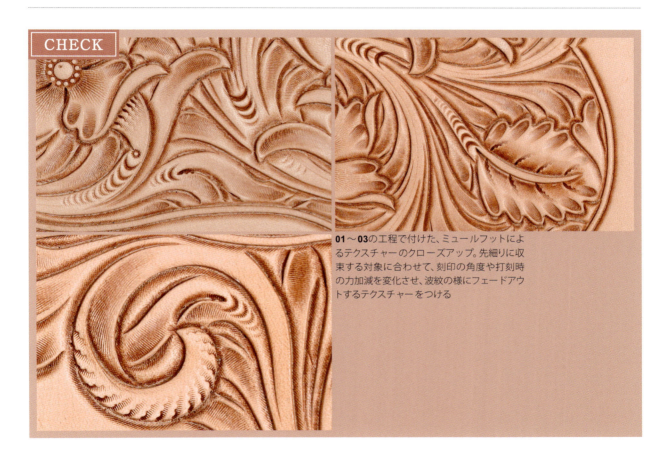

01〜03の工程で付けた、ミュールフットによるテクスチャーのクローズアップ。先細りに収束する対象に合わせて、刻印の角度や打刻時の力加減を変化させ、波紋の様にフェードアウトするテクスチャーをつける

149

STEP.2 刻印／カット

CHECK

上写真は、各フラワーに接続する茎とがくの付け根にシーダーを打ち、茎や蔓草とその分岐点にミュールフットでテクスチャーを付けた状態。右写真の矢印は、p.148〜p.149の**01**〜**03**での工程でミュールフットを打った箇所を表している。図案全体を俯瞰して見ると、サークルが分岐するフローの要所へ、実にバランスよくテクスチャーが配されていることが分かるだろう

12. デコレーションカット

01 前々項の「シェリダンスタイルカービングの基礎」と同様、花弁からカットを始める。スカラップに付けたシェーダーによる陰影の端辺りより、花弁の形に合わせて花弁のヒラヒラとした抑揚を表す。始めに花弁の中心へ基準となるカットラインを入れ、これに流れを沿わせ、適度な間隔を空けて花芯へ向かうカットを効果的に入れる

02 カットの始めでは深く刃を入れ、花芯へ向けて「スッ」と刃を抜いてカットラインをフェードアウトさせる

03 フラワーの付け根のがく及び、シーダーの打刻痕から派生するミュールフットのテクスチャー上にもカットを入れる

04 シェーダーで陰影を付けた蔓草の上へ、その面積に合わせてバランスよくカットを入れる。複数のカットラインを入れる際は、フェードアウトさせる終着点を同一に設定し、モチーフの流れに沿って平行気味にラインを並べて収束させる。長いカットは刃がぶれやすいので、慎重にカットする

STEP.2 刻印／カット

CHECK

フラワー（花弁）、がく、茎、蔓草と、1つのサークルを構成する主要なモチーフにデコレーションカットを入れた状態。常に全体のバランスを見ながら、立体感を意識してカットを入れる

リーフ及び、その中心の葉脈につながる茎（ミュールフット上）にはカットを入れない。また、サークルを構成する茎や蔓草が大きく分かれるスペース（p.149の**03**でミュールフットを打った箇所）にもカットは入れない（※カットの様に見えるラインは、フェードアウトさせたベベラによる傾斜）

スクロールは、ベンナーで付けたテクスチャーの邪魔をしない範囲で写真の様にカットを入れ、シェーダーで陰影を付けたそのターンバック部にも、スマートにカットを入れる。ベンナーで付けたアクセント（ストップの効果）の周りに入れた、際どい箇所を攻めた技ありのカットにも注目してほしい

13. バスケット／ボーダー／マットスタンプ

01 図案の空白部分に「バスケット(BK83-99)」を打つ。バスケットの打ち方は、p.19と前項のp.106〜を参照

02 バスケットとボーダーの境界に「ボーダー(BK76-01)」を打つ。まずはボーダーと図案が接する箇所の際、ボーダー内側のベベラで沈めたラインに刻印のフラットな面を沿わせて1打目を打つ（右写真参照）

ボーダー内側のラインに沿い、**02**で打ったボーダーに続く打刻痕を並べていく。反対端の図案に到達したら、ボーダーを打つスペースを確認。スペースがある場合はそのまま1打を打ち、スペースがない場合は、刻印を傾けて図案を避ける1打を打つ

03

CHECK

次はバスケットと図案の境界、革の表面（素地）が膨らんで露出した箇所にマットスタンプを打つ

図案の際、ベベラで沈めたライン際に「マットスタンプ(F898)」のフラットな面を沿わせ、ベベラで付けた傾斜へ自然につながる陰影を付ける。バスケットの打刻痕を避けつつ、刻印をベベラの様に、断続的に滑らせながら打って自然な陰影を付ける

04

STEP.2 刻印／カット

マットスタンプが入らない込み入った箇所は、次の**05**の刻印を打つ

05 左の「CHECK」で表した箇所は、その窪みに「バックグラウンダー（A98）」の鋭利な先端を収めて陰影を付け、その陰影を先にマットスタンプで付けた陰影と徐々に馴染ませる

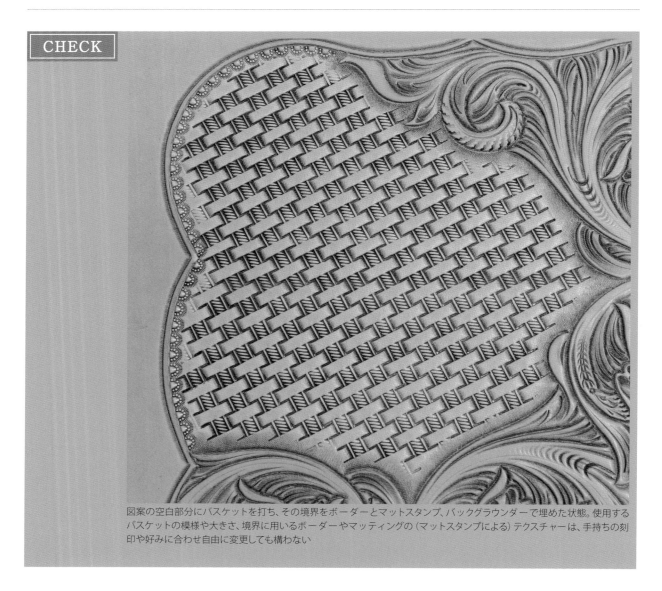

図案の空白部分にバスケットを打ち、その境界をボーダーとマットスタンプ、バックグラウンダーで埋めた状態。使用するバスケットの模様や大きさ、境界に用いるボーダーやマッティングの（マットスタンプによる）テクスチャーは、手持ちの刻印や好みに合わせ自由に変更しても構わない

14. バックグラウンダー

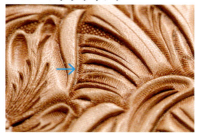

01 花弁と蔓草の間等、各モチーフの間にあるバックグラウンドを潰していく

02 粒の細かい#23の「バーグラウンダー（p.124参照）」を用い、バックグラウンドを潰す。大塚氏は、革へ含ませた水が乾ききる直前、革が程よく引き締まったタイミングでバーグラウンダーを打つ

03 直前に打った打刻痕にバーグラウンダーの側面のラインを揃え、限られたスペースへ的確に粒を並べて潰す

CHECK 01で表したバックグラウンドスペースを、刻印で完全に潰した状態

CHECK 図案中のバックグラウンドを、全てバーグラウンダーで潰した状態。各モチーフの間隔がかなりタイトな図案のため、バックグラウンドを確実に見極めて潰す必要がある。大塚氏は、この様な細かい図案の場合には「#23」か「#25」のバーグラウンダーを用い、革の厚みが3.0mm以上の場合は「#25」、図案が大きい場合には「#27」を使用する

STEP.3
染色

ペースト染料を塗る際、「擦り込み用」と「かき出し用」の歯ブラシを併用するテクニックを解説する。

使用する工具／資材

- 面相筆(天然毛)
- アルコール染料(2種)
- ニートフットオイル
- ウールピース
- 水性仕上剤
- ペースト染料
- 歯ブラシ(2本)
- タオル
- ペーパータオル(厚手)

01 面相筆を用い、バックグラウンドのみをアルコール染料で染める。使用する染料は、フィービング社の「レザーダイ／チョコレート」。大塚氏は、染料の含みが良好で作業効率の良い、「イタチ」や「コリンスキー」等の天然毛の面相筆を使用する

CHECK アルコール染料でバックグラウンドを染めた状態。次の工程でニートフットオイルを塗ると後戻りができないため、塗り残しが無いように注意する

02 ボーダーの外側をアルコール染料(オイルダイ／マホガニー)で染め、染料を完全に乾燥させた後、作品の表面全面にウールピースでニートフットオイルを塗る。ニートフットオイルの乾燥後、さらにその上へ水性仕上剤(レザーコート)を塗る

Professional Work II

03 歯ブラシでペースト染料（アンティークフィニッシュ／シェリダンブラウン）を図案にしっかりと擦り込み、乾いたタオルでざっくりと拭き取る（拭き取りすぎない）。ペースト染料の塗り方は、p.67と同様

03の工程を終えたら、染料を付着させていない別の歯ブラシを用い、図案の流れに沿って図案に入りすぎた染料をかき出す。この時は適宜、歯ブラシでかき取った余分な染料をタオルで拭き取る

04 2本の歯ブラシを併用した、染料の「擦り込み」と「かき出し」を終えたら、図案の表面上に残った余分な染料を乾いたタオルの新しい面（きれいな面）で拭き取る

STEP.3 染色

POINT

04の工程を終えたら、しっかりとしたペーパータオルに水を含ませて固く絞り、これを用いてさらに余分な染料を拭き取っていく。タオルの面を変えつつ、染料がタオルに付かなくなるまで、拭き取りを繰り返す

CHECK

左写真は、上記「POINT」の水拭き前、右写真は水拭き後の状態。ペースト染料のマットなムラ感が消え、図案の凸部の表面に淡い光沢感が表れていることが確認できる

水拭きを終えた後、再び乾いた（きれいな）タオルで表面を拭き取り、さらに光沢を出せば作品は完成

05

Professional Work II

完成作品

見る人が見ればすぐにその作者が誰であるかに気付く、大塚氏の正統派シェリダンスタイル作品。図案のデザイン、トレース、カット、刻印、デコレーションカット、そして染色と、最高峰の技術が積み重なることで、ここまでの完成度に到達する。

課題作品

これまでの作品制作解説と同じテクニックで制作可能な作品の図案と、その完成見本を大塚氏にご提供頂いた。左上の図案はカットワークのみ、フラワーも1つのみ。比較的着手しやすいシンプルな作品なので、ぜひ練習に活用して頂きたい。

トレース用図案（100％）

大塚孝幸 Collection

カービングを施した製品を販売し、これを生業とするプロカーヴァーの大塚氏。同氏が手掛ける製品は、カービングの素晴らしさは言わずもがな、自らが納得するまで徹底する仕立ての良さも光る。レギュラー品からフルオーダー品まで、その一部を紹介しよう。

「ブリーフケース」
SIZE W42.5 × H30.5 × D10cm

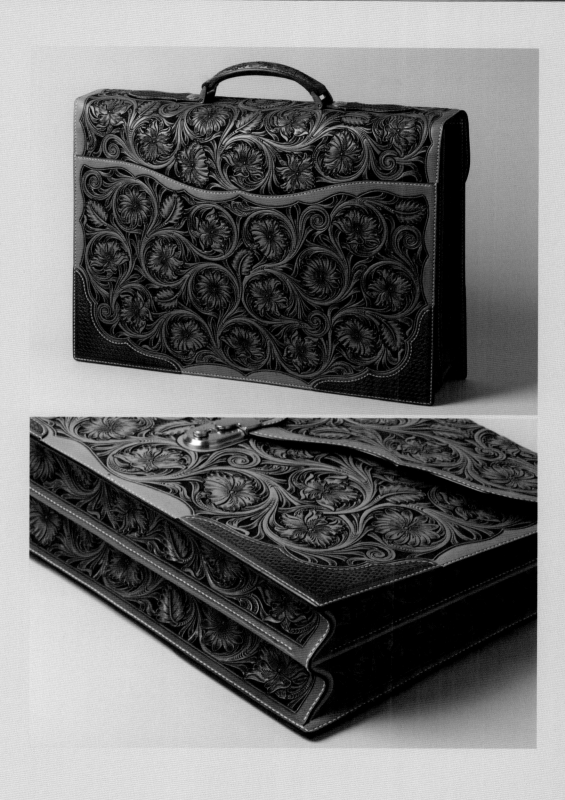

「ビルフォールド」
SIZE W20 × H9.5cm

「パスケース」
SIZE W7.5 × H10.5cm

「ロングウォレット」
SIZE W20 × H9.5cm

大塚孝幸 Collection

「ショルダーバッグ」
SIZE W31 × H22 × D11cm

「ミドルウォレット」
SIZE W9.5 × H15.5cm

「ロングウォレット」
SIZE W20 × H9.5cm

「ウォレットホルダー」
SIZE W11.4 × H28.5 × D4.5cm

大塚孝幸 Collection

「ベルトポーチ」 SIZE W16.2×H19.5×D5.2cm

「ベルト」
SIZE W4.5cm

「キーホルダー」
SIZE W5.5×H10cm

前頁と本頁の製品及び p.162 掲載の「ブリーフケース」は全て、カービングの種類やカラーリング、仕立ての仕様等を打ち合わせした上で制作されたフルオーダー品。製品のオーダー窓口及び販売は、長年に渡り Taka Fine Leather JAPAN の製品を取り扱う東京は上野アメ横の老舗、「ALBUQUERQUE（アルバカーキ）」が担当している。同店には大塚氏の製品が多数展示販売されている他、同氏が手掛けた本式の「ウェスタンサドル」も展示されているので、興味がある方にはぜひ足を運んでいただきたい。

ALBUQUERQUE　住所：東京都台東区上野 6-10-7 アメ横プラザ 108 号　TEL. 03-3836-3386　URL http://www.goodleather.co.jp/

本場アメリカのサドラリーで修行を積んだ、日本のシェリダンスタイルカービングの第一人者

Takayuki Otuka

タカ・ファインレザー・ジャパン 代表
大塚孝幸氏

「Professional Work Ⅱ」の解説並びに、「特別寄稿文」の原稿を執筆頂いた、タカ・ファインレザー・ジャパン代表のプロカーヴァー、大塚孝幸氏。同氏は、社会人として勤めに出ていた時にカウボーイやウェスタンサドル、レザークラフトに興味を持ち、アメリカでレザークラフトを極めたいと会社を退職。ベースを作るためにクラフト学園へ通い、小屋敷氏の指導の下で基礎的な技術を高め単身渡米、アイダホ州のサドルメーカーに弟子入りを果たす。そして日本へ一時帰国した際、現地で出会ったシェリダンスタイルカービングの事を恩師である小屋敷氏に伝え、これをどうにか日本でも普及させようと、現地へ戻る度に情報や工具を収集し、講習会等で技術を習得。帰国した際は小屋敷氏と共に研究を重ね、現在の確固たる技術を確立する。現在は製品の制作・販売と共に、工房にてカーヴァー育成にあたる。

大塚氏が使用するスーベルナイフ。左からアメリカの「レザーラングラー」「バリーキング」各社製、そして協進エルの「プロ・スェーベルナイフ」。それぞれのボディには、滑り止めのローレット加工を施してある。工程解説頁に記載した極薄刃は、福島にある「刃物の館 やすらぎ工房」の製品となる

Taka Fine Leather JAPAN
群馬県邑楽郡大泉町住吉1-1
Tel. 0276-61-0777
URL http://www.taka-fine-leather.com/

大塚氏愛用のモウル。レギュラーで使用する「バリーキング製（右）」と「北京レザークラフト社製（右中）」はどちらも重量16oz前後だが、ウエイトのバランスが異なり、表現によって使い分ける。左中は協進エルの「プロ・ラウンドモウルS」で、刻印で細かい表現をする際に使用。左は左中と同じベースの加工品で、重量をその3/4とし、財布の内装パーツ等の極小表現に使用する

Professional Work III
岡田スタイル

日本を代表するカーヴァーの一人であり、レザーカービングの本場アメリカや、ヨーロッパ、アジア各国でも活躍する岡田明子氏。他に類を見ない繊細な作品の表現テクニックを、詳しく解説する。

デザイン／制作 = 岡田明子(AKKOS)

完成見本

流麗なフローの中に配された、バラエティ豊かな6つのオリジナルフラワー。中央に群生するリーフ、そして開花を今かと待ちわびるつぼみ。何れもコンパクトなモチーフを繊細なカットと刻印で表現する、難易度の高い作品である。

トレース用図案

前項、前々項と同寸のウォレット表革に収まる、原寸トレース用図案。完成見本とは別に起こしたカット図案のため、細かい部分で僅かな差異があるが、制作工程に変わりはない。完成見本を参照し、図案を正確に読んでトレースしてほしい。

使用する刻印

本作品制作に使用する刻印の中には、高価な刻印や日本では入手困難な刻印が含まれるが、別の刻印で代用することも可能。工程解説における各刻印の用途・役割を理解し、手に入る物の中から適切な刻印を選択して、制作に臨んでほしい。

フラワーセンター

6つの主要なフラワーの内、4つにそれぞれ異なるフラワーセンターを使用する。同じ刻印を用意できない場合は、各フラワーに適したサイズの刻印をバランスよく打てばよい

01.「Wayne Jueschke：#67」
02.「Barry King：18 Seed Oval #1」
他2本は「Barry King：Plain Center #3」と、「Barry King：18 Seed Center #1」。以上の4種のフラワーセンターは、何れも入手不可能ではないが高価である

リフター／ベベラ

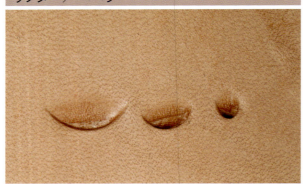

本作品に使用するリフターは3種で、左から順に右写真の01・02・03に該当する。左の01の実寸幅はおよそ9mm

01.「Barry King：Lifter #4」
02.「Barry King：Lifter #2」
03.「Barry King：Lifter #0」

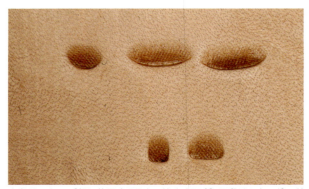

上段は凹カーブ部に使用するラウンドベベラ3種。下段はスタンダードなベベラ2種で、右写真01の2本に該当。左の実寸幅はおよそ4mm

01.「Barry King：Beveler #00」(左)と、「Barry King：Beveler #2」(右)
02.左写真の上段は、左から順に「Barry King：Round Beveler」の#1、#3、#4
03.ラインの間隔が狭い箇所に用いる、急傾斜の「Bill Woodruff」

Professional Work III

シェーダー

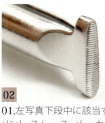

タテ、ヨコ、チェック、スムースと、一通りのシェーダーを使用。上段左のサムプリント・タテは、実寸で幅2mm弱、高さ10mm弱となる

01.左写真下段中に該当するサムプリント・スムース。メーカーは不詳
02.「Clay Miller」のサムプリントは左写真上段右に該当。上段左は「Barry King：Vertical #0」
03.左写真下段右に該当するサムプリント・スムースは「R.HACKBARTH」

カモフラージュ

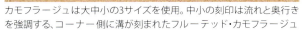

カモフラージュは大中小の3サイズを使用。中小の刻印は流れと奥行きを強調する、コーナー側に溝が刻まれたフルーテッド・カモフラージュ

01.打刻痕の写真の上段左は、「クラフト社：SKC431」
02.打刻痕の写真の上段右に該当する、「Barry King：Fluted Camouflage #1」（左）と、打刻痕写真の下段に該当する、「R.HACKBARTH」（右）

リーフライナー

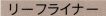

リーフライナーは特注のオーダー品。サイズは、実寸で幅（最長辺）12mm弱、高さ3mm弱。「Barry King：Leaf Liner #1」が近いサイズとなる

シーダー

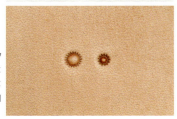

シーダーは写真の「クラフト社：S706」と「クラフト社：S705」の他、「クラフト社：SKS705」と「クラフト社：S931」を使用する

173

使用する刻印

ベンナー

01. 左写真の上は「Barry King」のラインド・ベンナーで、実寸幅は10mm弱
02. 左写真下は「Chuck Smith」のライン＆スカラップで、実寸幅は12mm弱

上記2種の他、ストップとして「Barry King」、「Chuck Smith」等のベンナーを使用する。左写真の打刻痕の幅は実寸で、上から順に11mm弱、14mm弱、18mm弱となる

ミュールフット

ミュールフットは、サイズやヒールの角度が異なる7種を使い分ける。上写真の打刻痕は、右列最下段の幅が実寸で6mm弱。メーカーは、「Barry King」の他、オーダー製品等

バックグラウンダー

バックグラウンダーは、「Barry King」のバーグラウンダー#30、3・5・7粒をスペースによって使い分ける

ボーダー

「Barry King」のクレッセントボーダー#30を、開花しかけたつぼみの花芯の表現に使用する。幅は実寸でおよそ5mm

174

Professional Work III

STEP.1
トレース／カット

各手順は基本に準ずるが、カット前に各フラワーの花芯を明確に刻み、カットする際の基準とする。

使用する工具／資材

- トレスフィルム
- スポンジ
- のびどめシート
- 鉄筆
- 打ち台
- 打ち具
- 刻印（フラワーセンター）
- スーベルナイフ
- ツーリングレザー（2.2mm厚）

トレスフィルムに写した図案を鉄筆でなぞり、革の表面へラインを正確に写す。次の工程はカットとなるが、カットに先んじてフラワーセンターを打つため、トレースを終えた段階で革の床面にのびどめシートを貼る

01

POINT

図案にはメインとなるフラワーが6つあり、本解説では各フラワーを、左上から時計回りにA・B・C・D・E・Fと呼ぶ。そしてこの後、トレースラインをカットする前に、フラワーC・D・E・Fの中心にフラワーセンターを打つ

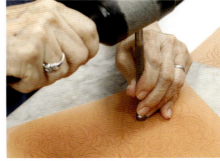

フラワーC・D・E・Fの中心に、バランスを見てフラワーセンターを打つ。刻印を打つ際は、そのフラワーの茎を手前（＝自分側）に向けると、中心を把握しやすい

02

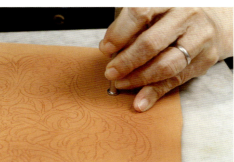

中心がずれにくくなるため、フラワーごとに向きを変え、各フラワーの茎を手前に向けて刻印を打つ。各刻印は、この時点で力強く打ち込む

03

STEP.1 トレース／カット

04 フラワーC・D・E・Fにフラワーセンターを打ち終えたら、主要なフラワーからカットしていく。各フラワーの花弁、外側から刃先を入れ、あらかじめ打っておいたフラワーセンターに向けてフェザーアウトさせる

続けて、各フラワーの茎と同一方向に流れる蔓草をカットする。トレースラインはあくまでも目安とし、先にカットしたラインを基準に、サークルを整えながらカットしていく。各フラワーとサークルをカットし終えたら、図案の残りのライン全てを整えながらカットする

05

CHECK

全てのカットを終えた状態。トレースラインを参照し、各ラインの流れを整えつつ、正確なカットワークにより革の表面へ図案を表す。トレース時の僅かなラインの歪み修正等も加わることで、革の表面には部分的にトレースラインが残るが、これらは後の刻印で完全にカバーする

176

Professional Work III

STEP.2
刻印／カット

各種刻印でモチーフに立体感と陰影を与え、デコレーションカットによって最終的な装飾を施す。

使用する工具／資材

・打ち台
・打ち具
・刻印（p172～174参照）
・スーベルナイフ

1. リフター／ベベラ

フラワーA・C及び、フラワーBのがく、つぼみの花弁のスカラップと、蔓草の先端・ターンバック部にリフターを打つ。刻印のトウを凹部へ斜めにあてて1打目を軽く打ち、刻印を起こして2打目を打つことにより、革の深い所からしっかりとリフトアップさせる

01

CHECK

リフターを打ち終えた状態。リフターを打つ箇所は右写真の通りで、小さく凹んだ箇所へ先端が鋭利なリフターを打っている。ここで使用した刻印は「Barry King：Lifter #1」で、これは「クラフト社：SKB050」や「協進エル：61220-00」で代用できる。リフターを打つ際は革への水の入り方（湿り加減）が重要で、水が入り過ぎていると革がグニャッとめくれてしまうため、水が程よく引いた状態で刻印を打つ。この状態は、使用する革や室内の条件等により異なるので、分からない場合は同じ厚みの端革で刻印の入り方をテストし、事前に確認することを推奨する

STEP.2 刻印／カット

フラワーDの花弁の側面、幅が広い凹カーブ部とターンバック部に、幅広のリフターを打つ

02

蔓草の凹カーブ部とターンバック部、中央に集まるリーフと中央左端のつぼみ(がく)のターンバック部にも、幅広のリフターを打つ。凹カーブ部が広範囲に渡る箇所は、リフターをスライドさせながら断続的に打ち、端で自然にフェードアウトさせる

03

CHECK

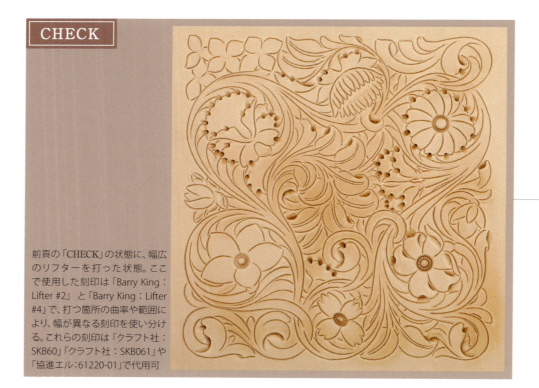

前頁の「CHECK」の状態に、幅広のリフターを打った状態。ここで使用した刻印は「Barry King：Lifter #2」と「Barry King：Lifter #4」で、打つ箇所の曲率や範囲により、幅が異なる刻印を使い分ける。これらの刻印は「クラフト社：SKB60」「クラフト社：SKB061」や「協進エル：61220-01」で代用可

178

Professional Work III

04 フラワーA・B・C・D・E・Fの各花弁及び、がくの周りにベベラを打つ。緩やかにラインが延びる花弁の側面に幅広なトウのベベラを、ラインが入り組んだスカラップに幅狭なトウのベベラを断続的に打ち、各フラワーを浮き立たせる

CHECK

各フラワーの花弁とがくの周りに、ベベラを打ち終えた状態。図案を正確に読み取り、花弁やがくが手前から奥へどのように重なっているのかを理解した上で、的確にベベラを打つ。フラワーB（写真右上）は、手前と奥の花弁の中央スペースへ後にシーダーで花芯を表現するため、奥になる花弁（下側の花弁）の生え際側にベベラを打つ。フラワーA（写真左上）とD（写真右中）にはターンバックした箇所があるので、ベベラを打つライン際を間違えないように注意。また、リフターを打ったターンバック部にはベベラを重ねず、リフトアップの効果のみで立体感を表す。ここで使用した刻印は「Barry King：Beveler #00」と、「Barry King：Beveler #2」だが、「クラフト社：SKB936-2」「クラフト社：SKB701-2」「協進エル：61210-00」「協進エル：61210-01」等で代用が可能となる

179

STEP.2 刻印／カット

各フラワーをベベラで浮き立たせたら、図案を起こした際に想定したメインとなるフロー＝流れ（下記参照）のライン際にベベラを打つ。このベベラにより、図案全体のラインの流れが分かりやすくなるので、次はこれを参照し、周囲のラインにベベラを打つ

05

CHECK

左写真上の青いラインは、**05**の工程で先にベベラを打ったメインとなるフローのラインを表し、右写真はベベラを打ち終えた状態となる。このラインは、フラワーを囲むサークルの大枠に該当し、部分的に上へ重なる蔓草を避けつつ、その下でもラインが自然につながるイメージでベベラを打つ。ラインの凹凸（カーブ）やその曲率により、先にフラワーを打った幅広や幅狭、そしてラウンドタイプ（p.172参照）のベベラを使い分けるが、ラウンドタイプのベベラが無い場合は、凹カーブ部にリフターを打った後、幅狭のベベラを打つ

Professional Work III

メインとなるフローの周囲に流れるラインは、カットラインの終わりを確認し、隣り合うラインとのバランスを見て、ベベラでそのラインを延ばす

左の「CHECK」で表したラインの影を延ばす際はまず、カットラインの終わりに向けてフェードアウトさせながらベベラを打って影を付ける

06

ベベラを止めたカットラインの先へ新たにラインの終着点を想定し、同じ流れを保ったままベベラで影を付け、自然にフェードアウトさせる

07

左写真は、上段の「CHECK」で表したカットラインの終わりを、ベベラによる影で延ばした状態。右写真は、影を延ばした箇所を広く見た状態。カットラインはあくまでも刻印を打つ際の目安なので、常に全体のバランスを見ながら、適宜刻印により、図案に対し最適な表現をしていく

上に重なる蔓草等でラインが途切れる箇所も、バランスを見てベベラによる影を延ばす場合もある

181

STEP.2 刻印／カット

CHECK
前頁の「POINT」で表したラインを延ばした状態。蔓草の下で自然につながる影を延ばすことで、流れにリアリティが現れる

メインとなるフロー及び、茎や蔓草によるサークルを表すライン際に影を付け終えたら、その他のモチーフのライン際にベベラを打つ

08

CHECK
先にリフターを打って浮き上がらせた、リーフ、蔓草のターンバック部は、フラワーのターンバック部と同様にベベラを重ねて打たず、リフトアップの効果によって立体感を表す

ベベラを打ち進めていくうち、先に打ったリフターの効果が弱く感じられるような箇所が表れた場合は、適宜刻印を打ち直して補正する

09

POINT
図案全体の外周にあたるライン際は、傾斜の緩いベベラを用いて広く影を付ける（各写真は、左が図案の左下、右が図案の右上に該当する）

Professional Work III

ベベラを打ち終えた状態。リーフの中央にある葉脈の様に、隣接するラインの間隔が広い（＝ライン際にスペースがある）箇所には、緩やかな傾斜のベベラを用いて広く影を付け、フラワーBの細かく隣接して並ぶ花弁の様に、ラインの間隔が狭い箇所には、急傾斜のベベラを用いてピンポイントかつ的確に影を付ける。なお、緩やかな傾斜のベベラとしては傾斜角15度の「Barry King：Low Angle Beveler」、急傾斜のベベラとしては傾斜角40度の「Barry King：XX Steep Beveler」等が選択肢に挙げられるが、これらは高価で入手しづらい上、用途が特化している（＝使用頻度が少ない）ため、プロでも無い限り誰もに使用を勧められる刻印ではない。そこで、これらの刻印を用意できない場合は、p.21〜「シェリダンスタイルカービングの基礎」で解説するように、刻印の角度を変えることで近い表現をすればよい

STEP.2 刻印／カット

2. シェーダー

01 フラワーCの花弁、リフトアップした箇所の両サイドへ、サムプリント・プレーンで影を付ける。刻印をスカラップ側へ傾け、フェードアウトしながら影を付ける

02 フラワーDもCと同様に、花弁にサムプリント・プレーンで影を付ける。ターンバックした2枚の花弁は、リフターで沈めた箇所から花芯へ向けて軽く影を付ける

03 フラワーAは、奥にあたる花弁から手前の花弁の窪み（後に花芯とする）に向け、サムプリント・ヨコを滑らせながら打って影を付ける。手前の花弁やがくのスカラップ部は、窪みの底にあたる中心へ向け、同じくサムプリント・ヨコを打って影を付ける

04 フラワーEは、鋭角に突出した3ヵ所の花弁の先にサムプリント・ヨコの鋭角なヒールを合わせ、花芯へ向けてフェードアウトする影を付ける

05 フラワーBのがくは、それぞれの生え際である付け根を想定し、その付け根に向けて僅かにフェードアウトする影を付ける

06 フラワーBの花弁は、手前にあたる上側中心の花弁にサムプリント・プレーンで影を付け、隣接する花弁には徐々に角度を付けて影を付け、奥行きを表す

07 開きかけたつぼみの花弁に影を付けた後（右頁参照）、フラワーの下に収束する蔓草や、各部に派生するスクロール・蔓草の先端にサムプリント・ヨコで影を付ける

Professional Work III

CHECK

主要なフラワーの花弁やがく、開きかけたつぼみや蔓草にシェーダーで影を付け、立体感と動きを表現した状態。花弁に動きを表す際は、側面からリフトアップした箇所を潰すことなく、両サイドにその膨らみを強調する適切な影を付け、ヒラヒラとした抑揚を付ける点が重要となる。また奥行きを表すため、付ける影を自然にフェードアウトさせる他、刻印を横に傾けて影に傾斜を付ける点も重要(特にフラワーB)。左頁の**07**で触れた「開きかけたつぼみ」は、左下段写真のフラワーEの左上と右下写真のつぼみが該当し、影の付け方は写真の通り。また、同じく左頁の**07**で触れた「蔓草」「スクロール」への影の付け方は、p.21〜「シェリダンスタイルカービングの基礎」の解説に準ずる。使用した刻印はp.173掲載のシェーダーがメインで、影付けする箇所に適した(収まる)側(トウ・ヒール)を適宜用いる

185

STEP.2 刻印／カット

CHECK

ベベラを打った後、各部へシェーダーで影を付けた状態。p.183のベベラのみを打った状態に対し、シェーダーによる影を加えることで図案にどのような変化が表れているのかが確認できる。前頁でクローズアップしたシェーダーで影を付けたモチーフ以外の部分に関しても、その位置と効果を合わせて確認してほしい

3. バックグラウンダー

シェリダンスタイルの様式に則り、バーグラウンダーを用いてバックグラウンドを入れる。周囲の要素に対して斜めに粒を並べ、バックグラウンドにも流れを付ける

CHECK

背景となるスペースに、バーグラウンダーを打ち終えた状態。バーグラウンダーは革の表面へ鋭く入るため、最初の工程のリフターと同様、革へ含ませた水が程よく引いた状態で打つ

STEP.2 刻印／カット

4. リーフライナー

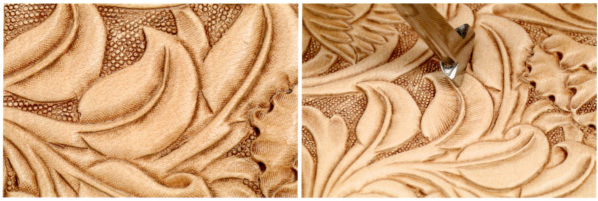

各リーフの中心の葉脈にリーフライナーの側面を合わせ、刻印を葉脈側に傾けて断続的に滑らせながら打ち、葉脈から放射状に広がる細かい葉脈を影で表現する。葉脈の逆側は、刻印の向きを変えて打つ

CHECK

リーフライナーにより、細かい葉脈を表す影を付けた状態。刻印を傾けて打つことで中心の葉脈際を深く沈め、奥行きと立体感を与えている。リーフの輪郭がぼやけるため、リーフの表面全面には影を付けず、側面の内側を僅かに膨らんだ状態で残す

5. ベンナー

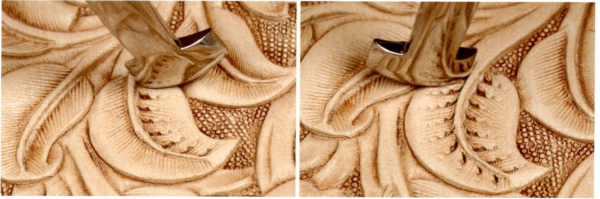

01 リーフライナーで付けた影の上にベンナー（ライン＆スカラップ）を打ち、中心の葉脈から派生する葉脈を表す。刻印のコーナーを中心の葉脈に沿わせ、葉脈側へ傾けた状態で、ほぼ等間隔に打つ。反対側は先に打った葉脈と対称に打つが、中心の葉脈を境に奥行きの差があるため、僅かに間隔をずらして打つ

Professional Work III

奥にあたる左側の葉脈に対し、手前にあたる右側の葉脈の間隔を僅かに広げることで、リーフに現実的な奥行きを与えている

02 リーフの側面から、**01**で打った葉脈と対称にベンナー（ラインド）を打つ。**01**と同程度、刻印を側面側へ傾けて両側面に打つ

02で打つ刻印の間隔も、**01**で打った葉脈に合わせて調整し、奥行きを表す。刻印を側面側へ傾けて打つことで、**01**と**02**の葉脈の中心に山なりの立体感を与えつつ、リーフの側面にヒラヒラとした抑揚を表している

03 図案内にある全てのリーフに、**01**と**02**の順で2種類のベンナーを打つ。リーフが上下に重なるような箇所や、蔓草が上に重なるような箇所は、上に重なるモチーフの下の様子を想定し、反対側の葉脈とバランスよく刻印を打つ

189

STEP.2 刻印／カット

6. コーナーのフラワー

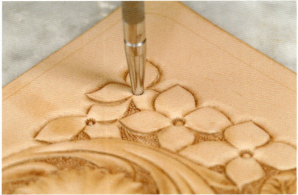

01 図案の左上、コーナーに並ぶ4つのフラワーの中心にバランスよくシーダーを打ち、花芯を表す。刻印はサイズの異なる2種（S705/S706）をそれぞれの大小に合わせて使い分ける

02 サムプリント・タテを花芯側に傾けて打ち、花芯から放射状に広がってフェードアウトする薄っすらとした影を付ける

03 花弁の先端にサムプリント・ヨコの鋭角なヒールを合わせ、ヒール側に傾けて花芯へ向けてフェードアウトする影を付ける

04 03と同じサムプリント・ヨコのヒールを花芯側に向け、03と同じ要領で03と対称な影を付ける

CHECK 01〜04の刻印を打った、コーナーのフラワー。02の刻印で花芯に奥行きを出し、03〜04の刻印で花弁の抑揚を表している

Professional Work III

7. フラワーA

01 花弁の窪み内に5mm四方程度の花芯スペースを残し、手前の花弁の端まで、カモフラージュ（p.173の小）で断続する影を付ける。花芯スペースを膨らませるため、最初の一打はくっきりと打つ

02 01で設けた花芯スペースの内側に、大小のシーダー（SKS705/S931）で花芯を表す。窪みの底側に小さい粒を並べ、その上に大きい粒を並べることで、奥行きを表す

03 サムプリント・タテのヒールを花芯際にあて、傾けて打つことで花芯際を沈め、花芯の立体感を表す

04 サムプリント・ヨコを使い、先に付けた花弁の影を花芯へ向けてバランスよく延ばし、花弁に抑揚を付ける

05 手前の花弁の外側面際（がくの付け根）をリーフライナーで沈め、薄く影を付けることでこの花弁の輪郭を際立たせると共に、立体感を与える。葉脈の表現時と同様、リーフライナーは花弁側へ傾けて打つ

STEP.2 刻印／カット

06 05で付けた影の上へ、間隔を整えてベンナー（ライン＆スカラップ）を打つ。この時は、刻印を花弁側へ傾けて打つ

CHECK

種々の刻印を打つことで完成したフラワーA。先に表した花芯とのバランスを取りながら、影や葉脈を付加している

8. フラワーB

01 花弁の付け根際、がくとの境目にリーフライナーで影を付ける。フラワーAの工程05と同様に刻印を花弁側へ傾け、中心で刻印の向きを変えて放射状に広がる影を付ける

02 こちらもフラワーAの工程06と同様、01で付けた影の上へ、間隔を整えてベンナー（ライン＆スカラップ）を打つ

03 花弁に挟まれた中央のスペース、前の工程で打ったベベラの際にシーダー（S706）を打って粒を並べ、花芯を表す

Professional Work III

04 03で並べた粒と花弁の間に、小さい粒のシーダー(S705)をバランスよく打つ。花弁にかかる部分は、刻印を傾けて打つ

05 03で打ったシーダーと花弁の際にサムプリント・タテを打ち、境界を沈めて影を付けることで、奥行きと立体感を表す

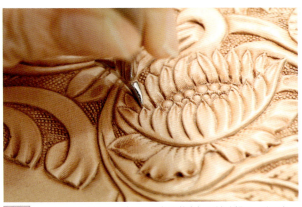

06 下側の花弁（内側面が見える奥の花弁）の付け根へ、ベンナー(p.174参照)のコーナーのみをストップとして打つ

CHECK
完成したフラワーB。手前の花弁と奥の花弁、そしてその間に収まる花芯それぞれの奥行きの違いを明確に表している

9. フラワーC

01 花芯から各花弁の外側に向け、カモフラージュ(小)をフェードアウトさせながら打つ。ベベラで付けた隣接する花弁側面の段を潰さぬよう、花弁の幅が狭い箇所は刻印を面に合わせ、傾けて打つ

02 花芯の周囲にサムプリント・タテを打ち、花芯の周りを沈めて影を付けることで、花芯に立体感を与える

STEP.2 刻印／カット

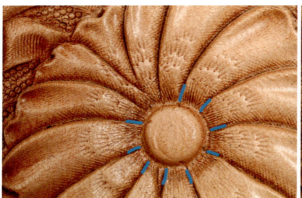

03 花弁の付け根へ、ベンナー（p.174参照）のコーナーをストップとして打つ。一番奥にあたる花弁の付け根を除き、左写真で着色した箇所にのみベンナーを打つ

04 花芯の内側にシーダー（S705）を打つ。奥行きを表すため、このシーダーは中心からずらし、奥側に寄せて打つ

CHECK
完成したフラワーC。プレーンなフラワーセンターで表した花芯を刻印で際立たせ、シーダーの一打で奥行きを表している

10. フラワーD／E

01 フラワーDはフラワーCと同様、カモフラージュ（大）を花芯から各花弁の外側に向けて打ち、その上からサムプリント・タテを打つことで花芯の周りを沈め、影を付けることで花芯に立体感を表す

02 カモフラージュとサムプリントの影響を受けた花弁の側面をベベラで補正し、花弁の付け根にベンナーをストップとして打つ

Professional Work III

CHECK フラワーDは、花芯から放射状にカモフラージュを打ち、サムプリントで花芯を浮き立たせるという基本的な手法で表現する

03 フラワーEもフラワーDと同様、花芯の周囲にカモフラージュを打った後、サムプリントで花芯を浮き立たせる

04 フラワーC・Dと同様にベンナーをストップとして打つが、あてるコーナーの向きを変え、花弁に揺れるような動きを与える

CHECK 完成したフラワーE。最後にストップとして打つベンナーは、深く入りすぎると花弁が不自然になるため、角度に注意して効果的に入れる必要がある

11. フラワーF

01 カモフラージュ（大）で、花芯から派生する影を付ける。この影は、これまでのカモフラージュの打ち方とは異なり、ヒールによる段が出ないように滑らせて打ち、自然にフェードアウトさせる

02 花弁の先端にペアシェーダー・チェックのヒールを傾けて打って影を付け、僅かな間隔を空けて花芯へ向かう同じ影を並べ、花弁の端に刻印によるスカラップを表す

STEP.2 刻印／カット

CHECK 花弁の端をペアシェーダーのヒールで深く沈め、花芯に向かってフェードアウトする影を並べることで花弁に抑揚を出す

03 ヒールが超鋭角なサムプリント・ヨコ（p.173記載外の加工刻印）を花芯へ向けて滑らせて打ち、僅かな間隔を空けて細い影を並べ、デコレーションカットに近い装飾効果を表す

04 花芯の周りにサムプリント・タテを打ち、フラワーセンターによるくっきりとした段を潰し、花芯を際立たせる

POINT 種々の刻印によって受けた影響を補正するため、カット時と同じフラワーセンターを打ち直す

05 花弁の付け根に、ベンナーをストップとして打つ

CHECK 完成したフラワーF。様々な刻印を複合的に使うことで、唯一無二の独創的なフラワーの表現を実現している

12. つぼみ

01 フラワーEの左斜め上にあるつぼみの中心にボーダーを打ち、右写真の様に花芯を表す

02 フラワーAとフラワーFの間にあるつぼみの付け根に、角度を付けてサムプリント・プレーンを打ち、このつぼみをふっくらと柔らかく見せる影を付ける

03 02と同じつぼみの周囲にリーフライナーを打ち、がくの上に影を付けてつぼみを際立たせる

04 03で付けた影の上へ、僅かな間隔を空けてベンナー（ライン＆スカラップ）を打ち、がくの葉脈を表す

STEP.2 刻印／カット

05 フラワーBとフラワーCの間にあるつぼみの中心に、大小のシーダー(SKS705/S931)で花芯を表す。スペースに合わせて大小のシーダーを使い分け、スペースに粒をすっきりと収める

06 フラワーDの右上にあるつぼみは、サムプリント・タテをつぼみの付け根に、サムプリント・ヨコをつぼみとがくの表面に打って立体的な陰影を付ける

13. ベンナー／ミュールフット

01 各フラワーと茎をつなぐがく(花托)の表面に、両サイドから向きを変えてベンナー(ライン＆スカラップ)を打つ。さらに、がくの茎側の付け根に沿って同じベンナーを打ち、がくの輪郭を際立たせる

198

Professional Work III

02 細かい蔓草の分岐点にベンナーかストップを打ち、その付け根から生え際に向けてミュールフットを打つ。使用する刻印は、打つ箇所のスペースに合わせて使い分ける

03 各フラワーの茎、がくの付け根から蔓草が分岐する辺りまでの範囲に、ミュールフットをバランスよく打つ

04 蔓草や茎等で構成される、メインとなるフローの分岐点にミュールフットを打つ

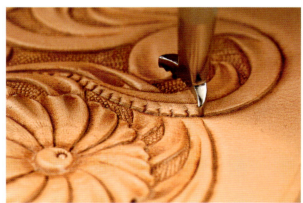

05 スクロールの外側面へ、バランスよく間隔を空けてベンナー（ライン＆スカラップ）を打つ。幅が狭い付け根側を若干密にし、幅が広くなるにつれ、間隔を僅かづつ広げて右写真のように打つ

STEP.2 刻印／カット

リーフの葉脈の付け根へ、ベナーをストップとして打つ。ストップを打った付け根から葉脈の生え際に向け、スペースが許す範囲内において、サイズの適合したミュールフットをワンポイント的に打つ

06

CHECK

フラワーやリーフ、つぼみといったモチーフを仕上げた後、蔓草やスクロール等のサブモチーフに最終的な装飾となるベナーとミュールフットを打った状態。この写真で図案の隅々まで確認し、どの場所へどのように刻印が入ったかを確認し、作品制作時の参考にしてほしい（※フラワーCの花弁上のカットラインは、次頁のデコレーションカットで入れます）

14. デコレーションカット

01 スーベルナイフによるデコレーションカットは、コンパクトなモチーフに対し繊細に入れる。フラワーBの細かい花弁は、側面のR（曲率）に倣い先端から付け根へ向けてカットする

02 フラワーBの花弁は、それぞれの花弁が開いている方向を確認し、これに逆らわないようバランスよくカットする

03 図案の左上、コーナーに並ぶ4つのフラワーの花弁は、花芯から外へ向けてカットすることで、小さくとも力強く開いた姿を表す

04 各フラワー及びつぼみと茎をつなぐがくは、その付け根である茎へ向けてランダムにカットする

05 がくへとつながる茎は、がく側からミュールフットの上へカットラインを2本並べる

06 蔓草やスクロールは、全体のバランスを確かめつつ、それぞれの流れに沿ってカットを入れる

STEP.2 刻印／カット

CHECK

デコレーションカットは、作家の個性やテクニックが最も反映される工程の一つであり、たとえ同じモチーフでも、多様なカットの方法で全く異なった表現をすることもある。百聞は一見に如かず。実際に入れられたカットを観察し、そのカットがどのように、どのような意図で入れられているのかを考察し、表現の参考にしてほしい

Professional Work III

STEP.2 刻印／カット

刻印によるカービングと、デコレーションカットを終えた作品の全体像。一通りの工程を終えた後も細部をよく観察し、刻印を打ち漏らした箇所やカットが抜けている箇所がないかを確認することも重要となる。プロは作品の完成度を極限まで高めるため、確認と手直しの手間を決して惜しむことはない

Professional Work III

STEP.3
染色

切り整えたウールピースとタンコートを使用した、岡田氏独特の染色工程を解説していく。

使用する工具／資材

- 面相筆
- アルコール染料
- ウールピース
- ハサミ
- ニートフットオイル
- ラッカー仕上剤
- ペースト染料
- 歯ブラシ
- ウエス（またはペーパータオル）
- タンコート

面相筆を使い、バックグラウンドをアルコール染料で染める。使用するアルコール染料は、フィービング社の「レザーダイ／コードバン」

01

POINT

別の容器に移し替えると蒸発が早く、染色が均一にならないため（蒸発した分、染料の濃度が増す）、岡田氏は染料の容器へ直接筆先を落とす

CHECK

アルコール染料でバックグラウンドを染めた状態。染め残した箇所がないか確認し、充分に乾燥させた上で次の工程に移る

STEP.3 染色

POINT ウールピースは毛が多いとオイルを含み過ぎるため、扱い易くハサミでカットして整える。側面にはみ出した毛をカットした後、右写真の様に中央が少し盛り上がった山型に整える

02 ウールピースにニートフットオイルを含ませ、図案の外側へまんべんなくオイルを擦り込む。続けて、図案の流れに沿ってウールピースを動かし、図案の上へ均一にオイルを擦り込む。その後、1時間程度時間を置き、革の内部まで確実にオイルを浸透させた後、一晩程度置いて乾燥させる

03 新しく用意したウールピースにラッカー仕上剤(レザーラッカー)を含ませ、革の表面へこれを擦り込む。全体へまんべんなく仕上剤を擦り込んだら、製品の説明書きに従って確実に乾燥させる(一晩程度)

Professional Work III

04 ペースト染料（アンティークフィニッシュ／タン）を歯ブラシに取り、図案の上へ擦り込む。革を回しながら角度を変え、染料が入っていない箇所を確認しつつ、図案全体へ確実に染料を擦り込む。染料を擦り込み終えたら、乾いたウエスで余分なペーストを拭き取る

POINT

ペースト染料が乾ききる前に、新しいウールピースにタンコートを含ませ、革の表面全面に塗り込む

05 タンコートを塗った後すぐ、新しいウールピースを払うように革の表面へあて、タンコートの水気と共に余分なペースト染料を拭き取る。ウールピースは毛足が長いため、タンコートの水気で希釈されたペースト染料を適度に拭き取ることができ、作品に独特な仕上がりをもたらすことができる。染色工程は以上で、タンコートの皮膜を完全に乾燥させれば、作品は完成となる

完成作品

本項冒頭の完成見本と同じ写真だが、一枚のまっさらな革が華麗に変貌する過程を見た上で「完成作品」として見ると、また違った印象を受ける。使用する刻印や表現テクニック等、制約は多々あるが、解説を参考に制作に挑んでほしい。

Professional Work III

課題作品

前項の大塚氏と同様、岡田氏にも制作工程を解説した作品とは別の図案を描き起こして頂き、完成見本と共にご提供頂いた。制作工程を解説した作品と同様に難易度は高いが、これまでの解説を参考に、制作にチャレンジしてほしい。

トレース用図案（100%）

岡田明子 Collection

湧き溢れる制作意欲に抗えず、本場アメリカへ幾度と無く足を運んで技術を研鑽した岡田明子氏。見る者に強烈なインパクトを与える、岡田氏が手掛けた作品の一部をここに紹介しよう。

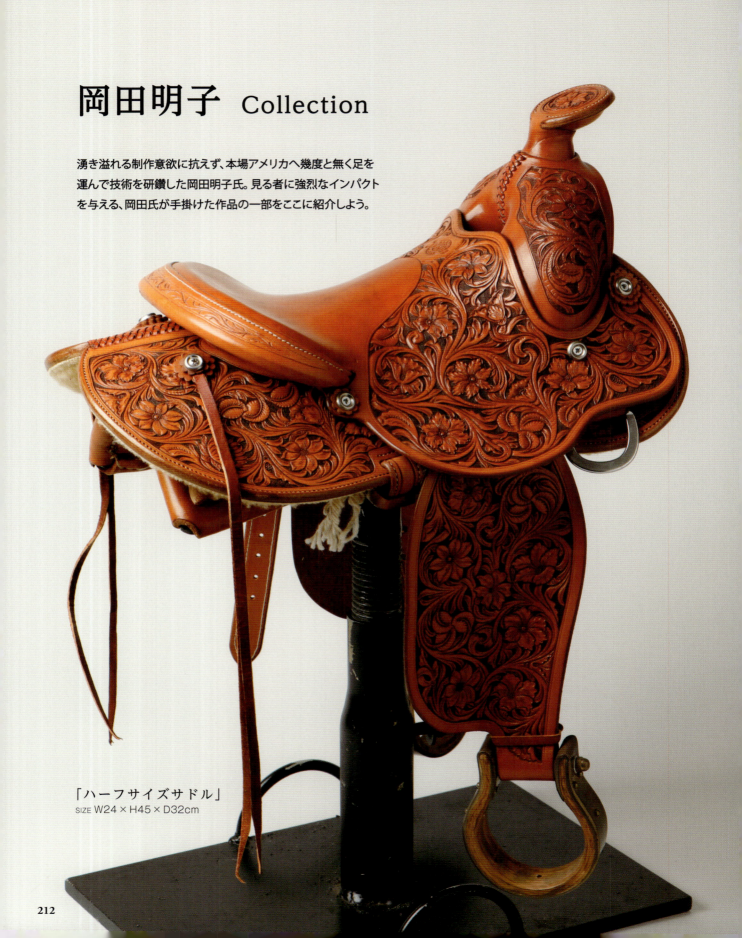

「ハーフサイズサドル」
SIZE W24 × H45 × D32cm

岡田明子 Collection

「フラワーベール」
SIZE W21 × H27.5cm
※「LEATHER CRAFTERS & SADDLERS JOURNAL」
May/Jun 2014 Volume24, No.3のカバー作品

「ハットケース」
SIZE W44.5 × H19.5 × D44.5cm

「スーベルナイフケース」
SIZE W24.2 × H18 × D16.5cm

岡田明子 Collection

「ペンタゴンBOX」
SIZE 本体：一辺7.5cm／ベース：一辺21.5cm

岡田明子 Collection

日本唯一のアル・スツールマン・アゥオード・ウィナー、世界中で活躍するトップカーヴァー

Akiko Okada

革工芸 AKKOS 代表
岡田明子氏

「Professional Work Ⅲ」を担当頂いた、岡田明子氏。趣味で始めたレザークラフトを楽しむうち、より高いレベルの作品を手掛けたいとクラフト学園で小屋敷氏等から指導を受ける。その後、渡米した際に行った「アル&アン・スツールマン・ミュージアム」で見たスツールマンの数々の作品に感激、また同時期にドン・キングとシェリダンスタイルを知り、その流れの美しさに惹かれ、作品制作に取り組みながらもアメリカへ幾度と無く足を運んで研鑽を積み、2007年にはクリント・フェイに師事してフルサイズのサドルを完成。この間、現地で多くのクラフターと交流を深め、自らの技術を確立した後は、アメリカや日本、アジア、ヨーロッパ等、世界各国でその技術の指導にあたる。2013年、アメリカでレザークラフトの普及に貢献した人物へ贈られる「アル・スツールマン賞」を受賞した、日本が誇るトップカーヴァーである。

岡田氏が使用するスーベルナイフ。左はバリーキングならぬ「ドン・キング」で、右はサイン用の「レザーラングラー」

岡田氏がメインで使用するモウルは、アメリカで購入した「メーカー不詳の16oz（右）」と、「バリーキング15oz（中）」。左は、アル・スツールマン賞を受賞した際にプレゼントされた「Ed. LaBarre（エド・ラベア）」のモウルで、ハンドルに日ノ丸をイメージした装飾が施されている

革工芸 AKKOS
Tel. 042-758-2229
E-mail akiko-ok@smile.ocn.ne.jp
URL http://akkosleather.com/

日本人で唯一、岡田氏が所有するアル・スツールマン賞の記念メダル。「アル・スツールマン」は、アメリカでレザークラフトの普及に尽力したパイオニアであり、1983年に設けられた同賞は、アメリカでレザークラフトの普及に貢献した人（一人）へ毎年贈られる。かつての受賞者には、「ロブ・バー」「ロバート・ベアード」「チャック・スミス」「ドン・キング」等、伝説的なクラフター・カーヴァーが名を連ねる

日本のカービング界を支える実力派カーヴァー

本誌にてシェリダンスタイルカービングの技術を惜しげなく披露頂いた、小屋敷氏、大塚氏、岡田氏の他にも、日本には素晴らしい技術をもって作品制作を展開するカーヴァーが大勢いる。前出のトップカーヴァー3名に比肩する腕前のカーヴァーから、その技術を継承するカーヴァー、その背中を追って日々腕を磨くカーヴァーまで、互いをリスペクトし、互いを認め合い、そして互いに切磋琢磨しつつ交流を深めている、日本の実力派カーヴァーを紹介しよう。なお、ここで紹介するカーヴァーは皆、独自に教室等でカービング・レザークラフトの指導にあたっており、その教室の情報も記載して

卓越した技術とセンスを持ち合わせた、類稀なる天才肌のカーヴァー

クラム 藤田一貴

「馬と蓮のフラワーデザイン」 SIZE W21 × H30cm

日本のカービング界を支える実力派カーヴァー

「THE HORSE」
SIZE W23 × H28cm

シェリダンスタイルからフィギュアまで、圧倒的な表現力を発揮

有限会社クラム
藤田一貴 氏

SHOP & SCHOOL INFORMATION
静岡県沼津市高島町13-15
Tel. 055-922-2023
URL www.shop-cram.com/

クラフト社勤務を経た後、静岡県沼津市にレザークラフトの材料店「クラム」をオープン。同店の教室にて各種カービング技法の他、財布等の革小物から芸術的な立体造形作品等の仕立て方の指導にあたる。また、クラフト社や協進エル等の講習会の講師も務める。就業前は武蔵野美術大学へ通っていた経歴を持ち、同大学で学んだ洋画の知識や経験、表現方法に基き、様々な作品を制作・発表。その作品のごく一部がここで紹介する2点となるが、シェリダンスタイルはもちろん、フィギュアカービングの表現力も圧倒的である。

大塚氏の指導の下、その技術を着実に継承する女流カーヴァー

Aya-Leather-Craft 斉藤尚美

「ハンドバッグ」 SIZE W32.5 × H210 × D8.8cm（持ち手含まず）

日本のカービング界を支える実力派カーヴァー

「マルチケース」
SIZE W12.6×H17cm

「ビルフォールド」
SIZE W11.5×H9.5cm

タカ・ファインレザーとはスタンスの異なる、純粋にカービングを楽しめる教室

Aya-Leather-Craft
斉藤尚美氏

SCHOOL INFORMATION
群馬県邑楽郡大泉町住吉1-1
Tel. 080-3576-1171
URL http://ameblo.jp/aya5656777/
E-mail info@aya-leather-craft.com

大塚孝幸氏が手掛けた作品に偶然触れ、同氏の工房を訪問。それまで続けていた趣味のレザークラフトとの違いに感銘を受け、すぐに教室へ通う事を決意したという斉藤氏。手の内を全てオープンにしてくれる同氏の下で技術を磨き、さらなる高みを目指して弟子入りを決意する。そして10年が経過した現在、大塚氏の工房にて、タカ・ファインレザーとはスタンスの異なる教室を開講。同教室は、大塚氏直伝の技術を和やかな雰囲気で学べる事が特徴で、趣味として純粋にレザークラフトを楽しみたい方を広く受け入れている。

アメリカの名だたるショーでタイトルを獲得し、日本革工芸会の理事も務める

Soul Leather 革魂　大竹正博

「天使がくれた時間」 SIZE W33.5 × H41.5 × D15cm

日本のカービング界を支える実力派カーヴァー

「フェイクブック」 SIZE W26.5 × H31.8 × D8.5cm

「パンドラの箱」 SIZE W31 × H25.5 × D17.8cm

「スマホケース」 SIZE W8.5 × H15.5 × D2.5cm

多くの生徒に慕われる、日本屈指のカーヴァー&クラフター

Soul Leather 革魂
大竹正博氏

SHOP&SCHOOL INFORMATION
茨城県稲敷郡阿見町中央4-6-18
Tel. 029-802-0333
URL http://soul-leather.com/

茨城県に工房兼教室「Soul Leather 革魂」を構える大竹氏は、社会人として勤める傍ら、クラフト学園でレザークラフトの知識と技術を磨き独立、1級講師の認定証を取得。オリジナルアイテムの制作・販売と教室での指導にあたる他、日本革工芸会の理事として革工芸・レザークラフトの普及と発展に尽力。カービングと仕立てとも、その腕前はクラフト学園の小屋敷氏お墨付きであり、本場アメリカの「World Leather Debut」、「Rocky Mountain Leather Trade Show」や、「日本革工芸展」等での華やかな受賞歴を持つ。

小屋敷氏直伝の技術をマスターした後、オリジナリティ溢れる作品を展開

Mai Leathercraft　近野真弓

「トランク」
SIZE W37 × H27 × D9.8cm（持ち手含まず）

日本のカービング界を支える実力派カーヴァー

「ロングウォレット」
SIZE W19×H9.5×D3cm

繊細さとダイナミックさが同居した、独自の世界観を作品で展開

Mai Leathercraft
近野真弓氏

SCHOOL INFORMATION
埼玉県上尾市上町2-3-9
Tel. 090-5300-2537
URL http://gyu2991taina.wixsite.com/mai-leather-craft

埼玉県で「Mai Leathercraft」を主宰する近野氏は、趣味でカービングを続けるうち、本格的なカービングがしたいとクラフト学園に通い始め、小屋敷氏という偉大な指導者に出会う。そして、その技術を自身が納得する形でマスターするのに4年では足りないと、深く追求するうちに10年が経過（だが、その腕前は既に小屋敷氏も認める所である）。大手バッグメーカー勤務の経験から仕立ての技術も完璧であり、SNSで見た同氏のカービング作品に感銘を受け、海外から来日して1年近く滞在し、技術を学ぶ生徒もいるほどである。

227

独学ベースでマスターの旨導を受け、いくつもの壁を超えて技術を確立

Daisy's 木村竜一

「Sheridan style 額絵カービング」
SIZE W32×H32cm

日本のカービング界を支える実力派カーヴァー

「Sheridan style Long Wallet（curvy type）」
SIZE W9.5×H19.8×D3.5cm

「Key case（Sheridan style Ver.）」
SIZE W11×H6×D2cm

悩めるビギナーの救世主たる、若き実力派カーヴァー

Daisy's
木村竜一氏

SHOP&SCHOOL INFORMATION
千葉県東金市家徳444-155
Tel. 0475-58-8051
URL www.daisy-s.com

千葉県に自宅兼工房を構え、オリジナルアイテムの制作・販売と共に、カービングを主体とするレザークラフトの指導にあたる木村氏。インターネットで大塚氏の作品に触れ、圧倒されたという同氏は、そこから全くの独学でカービングを続けるも、どうしても超えられないいくつかの壁が立ちはだかり、小屋敷氏や大塚氏の講習会に参加。これにより様々な悩みがクリアになり、大塚氏とも交流を深めつつその技術を高める。自身がいくつもの壁を越えた経験があるため、悩めるビギナーにとって最適な指導者だといえよう。

確かな技術と独創的なセンスが融合した、ユニークな作品を発表

SEN LEATHER WORKS　千藤琢弥

「スピーカー」SIZE W15.5 × H26 × D15.5cm

日本のカービング界を支える実力派カーヴァー

「透けてたっていいジャン」
SIZE Mサイズ

常にさらなる高みを目指し、テクニックを磨き続ける

SEN LEATHER WORKS
千藤琢弥 氏

SHOP&SCHOOL INFORMATION
岐阜県関市迫間2082-1
Tel. 0575-46-9917
url senleatherworks.com/

岐阜県関市に「革工房 SEN LEATHER WORKS」を構える千藤氏は、主にオーダーメイドを中心とする製品を販売すると共に、同工房にて、ビギナーから経験者までを広く受け入れるレザークラフト教室を開講。クラフト学園にて小屋敷氏の指導を受けたカービングテクニックは既に一級だが、交流のある他のカーヴァーの講習会にも積極的に参加し、常にさらなる高みを目指している。そしてそのテクニックは、日本革工芸展へ例年出品を続けている、同氏のユニークな人柄を表す独創性が加味された作品に反映されている。

231

「額絵カービング」 SIZE W15.5×H21cm（カービングエリア）

日本のカービング界を支える実力派カーヴァー

「ロングウォレット」 SIZE W20×H10.2cm

「ベルト」 SIZE W4cm

「ペンダント」 SIZE W4.5×H6cm（カービングエリア）

「髪留め」 SIZE W7.5×H8cm

大塚氏と苦楽を共にした後、晴れて独立したトップカーヴァー

Leather Oyama
大山耕一郎氏

SCHOOL INFORMATION
Awake
Tel. 045-241-8620
URL www.awake-to-real.com/
協進エル
Tel. 03-3866-3221
URL www.kyoshin-elle.co.jp/

大塚氏のカービング実演会場で同氏と出会い、その帰りに工房を訪ねてすぐに教室へ通うことを決意。1年が経った後、より深く革の世界に関わりたいと、仕事を辞めて大塚氏初の内弟子となる。一時は工房に寝泊まりして大塚氏と苦楽を共にし、10年以上の時を経てその技術を習得し独立。独立した当初は、どうしてもタカ・ファインレザー流の作風に偏ってしまうことに悩みつつ、そこから長い時間と努力を重ねてオリジナリティを追求し、独自のスタイルを展開する。現在は横浜の「Awake」と東京の「協進エル」で指導にあたる。

PICK UP SCHOOL

教室の域を越えた、「アトリエ」の名に相応しいスペース

前頁の大山氏が講師を務める「Awake」のアトリエは、代表である伊藤信親氏がプロデュースした、誰もが想像する教室とは一線を画すスペースであり、Awakeの手縫い仕立てとタカ・ファインレザーのカービングを同時に学ぶことができる。

01. アトリエの全景。「どうせ受講するのなら上手になってもらいたいし、できれば商品が売れるレベルにまでは成長してもらいたい！」というスタンスの教室なので、始めからプロの工房の様な空間に身を置くことは、モチベーションアップへ大いにつながるだろう

02. 展示された多数のサンプル作品の中から学んで行き、少しずつスキルを上げて、気が付けばオリジナルの製品をつくれるようになっていく

03/05. 一通り揃えられた基本的な工具・資材を自由に使うことができ、時にはAwakeがプロデュースする新作工具等に触れることもできる

04. 豊富に用意されたサンプル図案や型紙は、どれも販売されている製品と同じクオリティを保ち、製作に使用する素材や金具等も製品と同様。「使える物、売れる物を作らなきゃ意味が無い」と考える代表の伊藤氏は、その手の内を惜しげもなくオープンにして受講者を迎え入れてくれる

SCHOOL INFORMATION

Taka Fine Leather JAPAN × Awake レザークラフト教室

神奈川県横浜市中区

Tel. 045-241-8620　URL http://www.awake-to-real.com/index.html

既刊案内

スタジオタッククリエイティブがこれまでに発行した「レザーカービング」に関わる書籍と、本誌の「Professional Work Ⅰ/Ⅱ/Ⅲ」の図案に適合するロングウォレット（本体①/プレーン）の作り方を掲載した書籍を紹介します。

レザーカービングの技法
フィギュアカービング編

価格 172ページ／¥2,500＋税

- 作品制作に使用する工具／資材
- 作品制作／動物画Ⅰ「馬」
- 作品制作／動物画Ⅱ「ビーグル」
- 作品制作／写実画「スカル」
- 作品制作／デザイン画「猫と花」
- 作品制作／風景画「五箇山」
- 作品制作／人物画「アインシュタイン」

300種類オーバーの
ロングウォレットを作る

価格 232ページ／¥2,800＋税

- 自分だけのオリジナルウォレットを作ろう
- 本体を作る
- コインケースを作る
- カードケースを作る
- 札入れを作る
- 仕立てる
- 応用制作
- 型 紙

はじめてのレザーカービング
革に描く華麗な彫刻

価格 160ページ／¥2,500＋税

- 基礎知識
- Level 1 基本を身につけよう
- Level 2 複雑な図案に慣れよう
- Level 3 難易度の高い図案にチャレンジしよう
- 技術に関するQ&A

男の革小物
レザーカービング編

価格 167ページ／¥3,000＋税

- カービングとは
- カービングの基礎知識
- カービングに適した皮
- 工具と染料類
- 刻印の種類と名称
- ベーシックテクニック
- オリジナルスタイルカービング
- シェリダンスタイルカービング
- フィギュアカービング
- カービングアイテムカタログ

LEATHER CARVING TECHNIQUES

レザーカービングの技法

シェリダンスタイル 編

2017年12月20日 発行

STAFF

PUBLISHER
高橋矩彦　Norihiko Takahashi

EDITOR
行木　誠　Makoto Nameki

DESIGNER
小島進也　Shinya Kojima

ADVERTISING STAFF
久嶋優人　Yuto Kushima

PHOTOGRAPHER
梶原　崇　Takashi Kajiwara [Studio Kazy Photography]

SPECIAL THANKS
株式会社 クラフト社

PRINTING
シナノ書籍印刷株式会社

PLANNING,EDITORIAL&PUBLISHING
(株)スタジオ タック クリエイティブ
〒151-0051　東京都渋谷区千駄ヶ谷 3-23-10 若松ビル2階
STUDIO TAC CREATIVE CO.,LTD.
2F,3-23-10, SENDAGAYA SHIBUYA-KU,TOKYO
151-0051　JAPAN

〔企画・編集・広告進行〕
　Telephone 03-5474-6200　Facsimile 03-5474-6202

〔販売・営業〕
　Telephone & Facsimile 03-5474-6213

URL http://www.studio-tac.jp
E-mail stc@fd5.so-net.ne.jp

警　告　CAUTION

■ この本は、習熟者の知識や作業、技術をもとに、編集時に読者に役立つと判断した内容を記事として再構成し掲載しています。そのため、あらゆる人が作業を成功させることを保証するものではありません。よって、出版する当社、株式会社スタジオ タック クリエイティブ、および取材先各社では作業の結果や安全性を一切保証できません。また、作業により、物的損害や傷害の可能性があります。その作業上において発生した物的損害や傷害について、当社では一切の責任を負いかねます。すべての作業におけるリスクは、作業を行なうご本人に負っていただくことになりますので、充分にご注意ください。

■ 使用する物に改変を加えたり、使用説明書等と異なる使い方をした場合には不具合が生じ、事故等の原因になることも考えられます。メーカーが推奨していない使用方法を行なった場合、保証やPL法の対象外になります。

■ 本書は、2017年11月1日までの情報で編集されています。そのため、本書で掲載している商品やサービスの名称、仕様、価格などは、製造メーカーや小売店などにより、予告無く変更される可能性がありますので、充分にご注意ください。

■ 写真や内容が一部実物と異なる場合があります。

■ 掲載されている作品のデザインに関する著作権は、製作者本人に帰属します。この本に掲載されている情報は、個人的、かつ非商用の範囲でご利用ください。

■ 本書に掲載されている型紙や図面の再配布、商用利用を禁じます。

STUDIO TAC CREATIVE
㈱スタジオ タック クリエイティブ
©STUDIO TAC CREATIVE 2017 Printed in JAPAN

● 本書の無断転載を禁じます。
● 乱丁、落丁はお取り替えいたします。
● 定価は表紙に表示してあります。

ISBN978-4-88393-796-7